IT研究者の
ひらめき本棚

ビブリオ・トーク：私のオススメ

情報処理学会 会誌編集委員会【編】

近代科学社

◆ 読者の皆さまへ ◆

平素より，小社の出版物をご愛読くださいまして，まことに有り難うございます．

㈱近代科学社は 1959 年の創立以来，微力ながら出版の立場から科学・工学の発展に寄与すべく尽力してきております．それも，ひとえに皆さまの温かいご支援があってのものと存じ，ここに衷心より御礼申し上げます．

なお，小社では，全出版物に対して HCD（人間中心設計）のコンセプトに基づき，そのユーザビリティを追求しております．本書を通じまして何かお気づきの事柄がございましたら，ぜひ以下の「お問合せ先」までご一報くださいますよう，お願いいたします．

お問合せ先：reader@kindaikagaku.co.jp

なお，本書の制作には，以下が各プロセスに関与いたしました：

・企画：小山 透
・編集：冨髙琢磨
・組版：藤原印刷
・印刷：藤原印刷
・製本：藤原印刷
・資材管理：藤原印刷
・カバー・表紙デザイン：藤原印刷
・広報宣伝・営業：山口幸治，東條風太

※本書に記載されている会社名・製品名等は，一般に各社の登録商標または商標です．
※本文中の©，®，™ 等の表示は省略しています．

・本書の複製権・翻訳権・譲渡権は株式会社近代科学社が保有します．
・ JCOPY 〈(社)出版者著作権管理機構 委託出版物〉
本書の無断複写は著作権法上での例外を除き禁じられています．
複写される場合は，そのつど事前に(社)出版者著作権管理機構
（電話 03-3513-6969，FAX 03-3513-6979，e-mail: info@jcopy.or.jp）の
許諾を得てください．

はじめに

　知的書評合戦「ビブリオバトル」というのがあって，公式ページもできている．参加者がこれと思う本の応援演説を競うものだ．より多くの人にその本を読んでみたいと思わせたら勝ちだ．このビブリオバトルの平和バージョンが「ビブリオトーク」である．

　情報処理学会誌のビブリオトークは，情報処理に関して皆に読んでもらいたい，いやそれ以上に皆が読むべきだと思う本を，情報処理の研究者である著者たちが順に紹介したものである．私が編集長時代に立ち上がった企画だが，長く続いて今回単行本として出版されることになった．

　こうやって1冊にまとまってみると，そこに新しい価値が生まれたことに気づく．紹介された個々の書籍にも価値があるのだが，それらの総体として情報処理という分野が浮き彫りにされた感がある．選ばれた本のジャンルは専門書からSFまで多岐にわたる．この幅の広さがコンピュータサイエンスの真髄であろう．私も推薦を1冊に絞らざるを得なかったのだが，候補になりながらも推薦できなかった本の一部（ほんの一部：-）は他の人が紹介してくれている．他の人たちがあの本をどう紹介したのか，もう一度じっくり読み返してみたいと思っている．

　そして何よりも，単行本化によって読者層が『情報処理』の読者，つまり情報処理に関わっている人から一般の人に広がるということが素晴らしい．一般の人達が情報処理の専門家が何を考えているかを知る良い機会となる．情報技術に対する認識を持つことは現代のリベラルアーツの最重要科目であると考えているから是非多くの人にこの本を読んでもらいたい．リベラルアーツはローマ時代の「市民」が持つべき教養として重要視されていたものだが，今後AIがローマ時代の奴隷の役割を果たし，全ての生産を受け持つようになる近い将来，我々人間は全員が「市民」になるわけだが，情報の素養が無いとAIを使いこなせない．

　というわけで，最後に：誰かがこの本のビブリオトークをしてくれることを期待している．

中島秀之

目　次
Contents

はじめに

01　ハッカーと画家
　　　―コンピュータ時代の創造者たち ……………………………… 2

02　プログラム書法（第 2 版）……………………………………… 5

03　Computer Networks 5th Edition ……………………………… 10

04　数理最適化の実践ガイド ………………………………………… 14

05　ディジタル作法―カーニハン先生の「情報」教室― ………… 19

06　珠玉のプログラミング
　　　―本質を見抜いたアルゴリズムとデータ構造― …………… 22

07　Computer Architecture,
　　　5th Edition A Quantitative Approach ……………………… 26

08　Operating Systems Design and Implementation
　　　（3rd Edition）………………………………………………… 29

09　SQL パズル 第 2 版
　　　―プログラミングが変わる書き方／考え方― ……………… 33

10　Lisp 3rd Edition ………………………………………………… 36

11　機動警察パトレイバー　風速 40 メートル …………………… 39

12　ピープルウエア 第 3 版
　　　―ヤル気こそプロジェクト成功の鍵― …………………… 42

13　Computer Lib /Dream Machines ……………………………… 46

14　経営科学のニューフロンティア　7　混雑と待ち …………… 49

15 ポスト・ヒューマン誕生
コンピュータが人類の知性を超えるとき— 53

16 To Mock a Mockingbird　And Other Logic Puzzles:
Including an Amazing Adventure to Combinatory Logic
.... 57

17 未来の二つの顔 61

18 待ち行列理論の基礎と応用 64

19 THINK LIKE ZUCK　マーク・ザッカーバーグの思考法 67

20 Database Systems: The Complete Book 70

21 Web の創成—World Wide Web はいかにして生まれ
どこに向かうのか— 74

22 キャズム Ver.2［増補改訂版］新商品をブレイクさせる
「超」マーケティング理論 78

23 プランと状況的行為
—人間-機械コミュニケーションの可能性— 82

24 生体用センサと計測装置（ME 教科書シリーズ） 86

25 Bold: How to Go Big, Create Wealth and
Impact the World 89

26 Algorithms Unlocked 91

27 Cooking for Geeks—料理の科学と実践レシピ 95

28 理科系の作文技術 98

29 ハッカーのたのしみ
—本物のプログラマはいかにして問題を解くか— 102

30 ぼくの命は言葉とともにある（9 歳で失明　18 歳で聴力も失っ
たぼくが東大教授となり，考えてきたこと） 106

31 API デザインの極意
Java/NetBeans アーキテクト探究ノート ……………………**108**

32 LEAN IN（リーン・イン）
女性，仕事，リーダーへの意欲…………………………**112**

33 部分と全体　私の生涯の偉大な出会いと対話 ……………**115**

34 現代倫理学入門…………………………………………………**119**

35 発想法の使い方…………………………………………………**123**

36 たいていのことは 20 時間で習得できる
―忙しい人のための超速スキル獲得術―…………………**126**

37 タックス・イーター ―消えていく税金…………………………**130**

38 コンピュータを使わない情報教育
アンプラグドコンピュータサイエンス ………………………**133**

39 √1̄ ………………………………………………………………**137**

40 夜明けのロボット（上）（下）………………………………**139**

本文の執筆者の所属は掲載時です．
現在の所属は巻末の執筆者一覧に掲載．

ビブリオ・トーク

中島秀之（公立はこだて未来大学）

ハッカーと画家
──コンピュータ時代の創造者たち

Paul Graham 著，川合史朗（監訳），オーム社，2005. ISBN:978-4-274-06597-2

　著者は *ANSI Common Lisp* の著者でもある Lisp ハッカー（英国の出身）．大学で計算機科学を専攻した後，美術学校に入っている．そんな彼が書いたハッカーの書．「ハッキングと絵を描くことにはたくさんの共通点がある．実際，私が知っているあらゆる種類の人々のうちで，ハッカーと画家が一番良く似ている (*p.23*)」そうだ．

　ちなみに私は「計算機科学/computer science」という言い方は間違いだと常々思っているが，著者もそのように述べている．科学とはすでにあるものを分析的に理解する学問だ．ハッカーは科学者ではなく芸術家に近いのだ．

　目次だけでも面白いのでまずは以下に転載しておこうと思う．まず第 0 章から始まるのが良い．自然数は 1 から始まり，カレンダーもこれに倣っているのだが，さまざまな不都合が起こる．たとえば 21 世紀最初の年は 2100 年でも（また，当時一部の人が考えていたように）2000 年でもなく，2001 年である．これが 0 世紀 0 年から始まっていれば，20 世紀の最初の年が 2000 年となって大変都合が良い．脱線ついでに建物の階数はヨーロッパは正しく 0 階から始まるが，日本やアメリカは 1 階から始まることになっている．0 階があれば建物の階数表示も -2, -1, 0, 1, 2, 3 となって綺麗だと思うのだが．なお，ゼロという概念がいかに難しくかつ偉大かということに関しては吉田洋一：『零の発見──数学の生い立ち』（岩波新書）をお勧めする．

0　Made in U.S.A.　メイド・イン・USA

1　Why Nerds Are Unpopular　どうしてオタクはもてないか

2　Hackers and Painters　ハッカーと画家

3　What You Can't Say　口にできないこと

4　Good Bad Attitude　天邪鬼の価値

5　The Other Road Ahead　もう一つの未来への道

6　How to Make Wealth　富の創りかた

7　Mind the Gap　格差を考える

8　A Plan for Spam　スパムへの対策

9　Taste for Makers　ものづくりのセンス

10　Programming Languages Explained　プログラミング言語入門

11　The Hundred-Year Language　百年の言語

12　Beating the Averages　普通のやつらの上を行け

13　Revenge of Nerds　オタク野郎の復讐

14　The Dream Language　夢の言語

15　Design and Research　デザインとリサーチ

16　Great Hackers　素晴らしいハッカー

（せっかく0章で始まったのだから15章（4ビット）で終わってくれ
ていればもっと良かったのにと思うのは私だけだろうか）

　画もプログラムも創造という点では共通しているというのが著者の
主張．その両者についてのエッセイ集ではあるが，目次からもわかる
ようにほとんどの章はプログラミングというかハッカーの話題に終始
している．画家（やデザイン）が前面に出てくるのは2章，9章，15
章だけ．

　以下，ハッカーと画家の類似性に関して面白いと思った記述を抜粋
しておく：

　　ハッカーが【画家のように】ハックしながら学ぶという事実は，
　ハッキングと科学がどれだけ違うかということを示すもう一つの手
　がかりだ (p.30)
　　絵画から学べるもう一つの例は，次第に詳細化しながら創ってゆ

く方法だ(p.31)
　プログラミング言語は，完成されたプログラムを表現するものと言うより，プログラムがまさに開発されている最中の形を表現するものだ(p.221)
　できるだけ早くプロトタイプをユーザの前に出すべきだ(p.223)
　油絵が，15世紀に広まった時に熱狂的に受け入れられたのは，プロトタイプがそのまま最終的な作品を作ることができたからだ(p.223)

　最近のアジャイル手法そのものではなかろうか？
　本稿に興味を持たれた読者であれば言わずもがなのことであるが，ハッカーとは本来良い意味で使われていた．しかし，あるときからマスコミがシステム侵入者の意味のみで使うようになってしまった．日本でもアメリカでもマスコミに抗議がなされ，マスコミ側も変更を検討してくれたが，さまざまな理由で（その1つには悪い方を指す代替案として我々が提案していた「クラッカー」に別の含意があり却下されてしまったこともある）結局そのままになってしまった．
　著者はこのハッカーの良い面と悪い面は実は同じものだと主張する．長くなるので引用しないが4節 Good Bad Attitude を読んでいただきたい．さわりだけ紹介しておくと「【システム侵入の】酷い解答と，独創的な解答には，共通点がある．両方とも，ルールを破っているということだ．」(p.55)
　この本は私たちハッカーには大変わかりやすい本だと思う．しかし，一般の人（特にプログラマを使う立場にある会社の上層部）には決して理解できないのではないかとも思う．だから日本はいつまでたっても……．

02 ビブリオ・トーク

久野　靖（筑波大学）

プログラム書法
（第 2 版）

Brian W. Kernighan, P. J. Plauger 著
木村　泉（訳），共立出版，1982. ISBN：978-4-320-02085-6

◆「ビューティフルコード」

　やや旧聞になるが，2012 年の夏のプログラミングシンポジウム（通称プロシン）は「ビューティフルコード programming should be fun; programs should be beautiful」と称して「コードの美しさ」をテーマに開催された．

　私はその名も「ビューティフルコード[1]」という本の翻訳者であるためか，何か喋れということになり，コードの美しさについて自分はこう思う，のような話をさせていただいた[2]．もともとこの話題については昔から関心を持っているところだし，プログラミング言語を研究対象としている中でも「書きやすさ／読みやすさ」はとりわけ重要だと思っていることもあった．

　とは言っても，勝手な自説だけで 30 分もしゃべるわけにいかないわけで，半分くらいは過去に遭遇したコードの美しさに関する書籍や文献の紹介をした．その中でトップバッターとして取り上げたのがここに紹介させていただく『プログラム書法（第 2 版）』である．

◆『プログラム書法』とは…

　『プログラム書法』はその原著が 1974 年（原著の和訳が 1976 年）に刊行され，かなり評判となったことから（と思う），わずか 4 年後の 1978 年にここで取り上げる第 2 版が出ている．和訳の刊行は 1982 年であるが，30 年（!!）経った今日でも現役であり，少し大きい書

店に行くと棚に並んでいるという，変遷の激しいソフトウェア技術分野としてはバケモノみたいな本である．

　その中身であるが，名前通りプログラムの「書法」つまり「好ましい書き方」についてさまざまな側面から記されている．その特徴は，好ましい書き方についての指針が1〜2行くらいの「規則」として提示されていて，それを掲げては具体例を示して説明する，という体裁になっていることである．

　ちなみにこの本の原題は *The Elements of Programming Style* で，好ましい英文の書き方について書かれた超有名な本である *The Elements of Style* にちなんでいる．規則を掲げて説明という方式もこの「お手本」から借りてきている感じであるが，プログラミング関係の書籍でこのようなスタイルのものは初めてだったので，私が本書に出会ったときは非常に新鮮だった（というよりそもそも，プログラムを美しく書こうという本に初めて出会ったことが衝撃だったのかもしれないが）．

◆ 出だしから…

　この本の出だしは，次のように始まる．

　プログラムの一部分に次のようなところがあったとする．
```
     DO 14 I=1, N
     DO 14 J=1, N
  14 V (I, J) = (I/J) * (J/I)
…
```

　いきなり2行目からプログラムコードが出てくる本というのも相当である[☆1]．そしてこれが何をするかの種明かし（V (I,J) にはI と J が等しいときのみ1，それ以外は0が入るから，V は単位行列になる）

☆1　ちなみにこのコードは Fortran で，あと本書では PL/I も使われている．いずれも今ではマイナーな言語だが，この本が今でも売られているということは，この本を買う人にとってはどの言語ということはあまり問題ではないということなのだろう．

があり，その後「多くの人はこういうコードをなんとなく眺めて先に進むからよくない，もっと単位行列になることを明確に書くべきだ」という風に話が進んで，最初の規則が提示される．

わかりやすく書こう．
——うますぎるプログラムはいけない

この先もこの本のスタイルは大体同様であり，まず問題のあるコードが出てきて，それを具体的に改良してみせ，規則を提示して一見落着，という形が繰り返されている．

◆ わかりやすく書こう

ちなみに，ダッシュが使われている規則はこの本では 2 つだけで，もう 1 つは次のものである．

わかりやすく書こう
——「効率」のために
わかりやすさを犠牲にしてはいけない

これも冒頭から比較的すぐのところに出てくるので，この「わかりやすく書こう」ということが，この本の重要なテーマだとわかる．
自分では，このことはこの本でも目にしたし，恩師の木村 泉先生（この本の訳者でもある）にも常々言われていたことなので，「プログラムを書くときの常識的な心がまえ」なのだと思っていたのだが，後にネットなどでさまざまな人と議論するようになると，必ずしもそのように思っていない人が多数いることがわかってきた．
たとえば JavaScript の話だが，今でも 2 ちゃんねるなどでは，「x に入っている実数を整数に切り捨てて整数にするには ~~x を使う」だとか[2]，「配列 a の後ろに要素を追加するのには「a[a.length]＝値；が高速だ」，みたいな書込みにお目にかかる．そんなのより「Math.

☆2 ビット反転演算子「〜」を使うとまず x を 32 ビット整数に変換してから反転するので，さらにもう 1 度反転すると反転前の整数が得られる．

floor (x)」「a.push（値）;」と「わかりやすく」書く方がよっぽど価値があるはずなのに…….

　ちなみに，プログラム書法の教えは，そういう人間にとってわかりにくいコードは（間違いを誘発するなどの結果）プログラムの完成を遅れさせてしまうので，結局は損である，というものである[☆3]. このことは本書が書かれた時代以前から今日に至るまでずっと真実であるはずなのだが，前記のことからすると，この真実の教えを受けないままにプログラミングを学び，プログラムを書いている人が世の中にはたくさんいるわけである. これは我が国のプログラミング文化のためには困った事態ではないだろうか…….

◆ その他の規則例

　紙面がなくなってきたので，あとは規則の中からこれはと思うものをいくつか挙げるので，味わっていただきたい（当たり前だよねという人も多いはずだけど）.

・多方向の枝分かれを作る時には *IF…ELSE IF…ELSE* を使おう.
・まずわかりやすい*擬似言語*で書いて，そのあと目的の言語に**翻訳**しよう.
・プログラムが簡単になるようなデータ表現を選ぼう.
・第1版ができたところでやめてしまってはいけない.
・だめなプログラムを修正するのはやめて，全部書き直そう.
・*0.1 の 10.0 倍はまず決して 1.0 にはならない.*
・浮動小数点表示の数を等しいかどうかに着目して比較してはならない.
・速くする前に正しくしよう.
・速くしたかったら単純さを保とう.
・だめなプログラムに注釈をつけるのはよそう. プログラムの書き方を変えよう.
・注釈をつけすぎないようにしよう.

☆3　どうしても性能のため読みやすさを犠牲にする部分もあるかもしれないが，それは最内側ループ内など，コードの中の非常に限られた個所だけのはずである.

◆「よいコード」にもっと注目を

ソフトウェアの世界では得てして「動けばよい」「動いているものは壊すな」という考えのため，汚いコードがはびこりやすい．私としてはぜひとも，そういう考えが改まって，「よいコード」がもっと注目されるようになってほしい．その意味でも「プログラム書法」はこれからも読み継がれてほしい本である．なお，「よいコード」本の新顔として「リーダブルコード[3]」というのも最近刊行されている．こちらもおすすめである．

参考文献
[1] Kernighan, B., Bentley, J., まつもとゆきひろ他 著，Oram, A. 他 編，久野禎子，久野 靖（訳），『ビューティフルコード』，オライリー 2008.
[2] 久野 靖 著，ビューティフルコードのための N 個の指針，『夏のプログラミングシンポジウム 2012 報告集』，pp.35-46, 2012.
[3] Boswell, D., Foucher, T. 著，角 征典（訳）：『リーダブルコード』，オライリー，2012.

佐藤文明（東邦大学）

Computer Networks 5th Edition

Andrew S. Tanenbaum, David J. Wetherall 著
Prentice Hall, 2010, 960p., ISBN：9780132126953
（日本語版）『コンピュータネットワーク　第5版』水野忠則，相田　仁，東野輝夫，太田　賢，
西垣正勝，渡辺　尚（訳），日経 BP 社，2013, 900p.,
ISBN：978-4-8222-8476-3　※画像は日本語版

　今回紹介する Andrew S. Tanenbaum による *Computer Networks 5th Edition* は，ネットワークの教科書として世界的に定評のある本であり，個人的には 10 年以上にわたって教科書，ゼミの輪講用のテキストとして使用してきた．

◆ Andrew S. Tanenbaum について

　本書の著者，Andrew S. Tanenbaum は，1980 年代の前半から Amoeba という分散 OS の開発プロジェクトを推進したパイオニアである．分散処理や分散 OS の研究をされたことがある技術者のみなさんには非常におなじみの先生である．また，MINIX という UNIX の OS を開発し，公開した．これは，OS の設計と理論を解説した教科書 *Operating Systems: Design and Implementation* の補助教材として配布された．MINIX はマイクロカーネルのアーキテクチャを採用し，非常にコンパクトな作りで教育用の OS として画期的なものであった．

　MINIX は教育の現場で広く認知され，その機能は拡充されて現在も公開されている．MINIX の成功は，Linux の開発者である Linus B. Torvalds に対して多大な影響を与え，Linux 開発の大きなきっかけとなった．Linus は，マイクロカーネルには否定的な意見を持っていたようである．実際，Linux はモノリシックカーネルである．

Linus は Tanenbaum と論争をした時期もあったが，現在 2 人は良好な関係を持っているそうである．

Tanenbaum はエンジニアには珍しく選挙制度にも興味があり，2004 年から世論調査の分析などから米国連邦選挙の投票予測を行うサイト www.electoral-vote.com を立ち上げている．このサイトは，2004 年に世界のトップ 1,000 サイトにランキングされたり，2006 年の中間選挙の予測において，上院議員 33 人すべての当選を正しく予測したりしている．

Tanenbaum は *Computer Networks*，*Operating Systems: Design and Implementation* のほか，*Modern Operating Systems*，*Distributed Systems: Principles and Paradigms*，*Structured Computer Organization* などの非常に良い教科書を執筆している．また，これらの著書により多くの表彰を受けている．

◆ 本の概要

本書は，コンピュータネットワークについて階層ごとに基本から丁寧に解説している．そして，改訂されるたびに新しい応用的なネットワーク技術が解説されており，学部の教科書としての役割ばかりでなく，大学院の学生のゼミにも十分対応できる内容となっている．また，ある程度ネットワークの知識を持っているエンジニアが新しい技術に関する知識を深めるのにも役立つレベルの本でもある．

本書では，次のような内容が解説されている．

物理層：
　　銅線，電力線，無線，光ファイバ，ケーブル TV 上のインターネット等
データリンク層：
　　プロトコルの原理，フレーム化，再送処理，ADSL，SONET 他
MAC 副層：
　　ギガビットイーサネット，無線 LAN，ブロードバンド無線，RFID 等

ネットワーク層：
　ルーティングアルゴリズム，輻輳制御，QoS，IPv4，IPv6，MobileIP 他
トランスポート層：
　ソケットプログラミング，UDP，TCP，ネットワーク性能他
応用層：
　DNS，電子メール，WWW，ストリーミング，CDN 他
ネットワークセキュリティ：
　AES，RSA，IPsec，無線セキュリティ，認証プロトコル，Web セキュリティ他

　本書では，これらの各層についての原理の詳細，そしてインターネットや無線ネットワークから導かれたたくさんの事例が紹介されている．

　紹介する 5th Edition は，2010 年に改訂されているのだが，その頃に話題となっている RFID (Radio Frequency IDentification) 技術，DTN (Delay-Tolerant Network) 技術，P2P (Peer to Peer) を含むコンテンツデリバリー技術等が新たに解説されている．また，4th Edition から，プロトコルの検証技術，ATM (Asynchronous Transfer Mode) や X.25，HDLC (High-Level Data Link Control) の詳しい解説の節などは削除されている．DTN は，衛星間ネットワークにも使われている低信頼リンクを使った情報伝送技術である．日本では，東日本大震災があった後，寸断された通信回線や携帯端末間の低信頼な通信リンクを使った被災地のネットワークとして利用するために盛んに研究が行われている．このようなタイムリーな技術が解説されているのも，本書の特徴と言えるだろう．

　各章には章末問題が 30〜50 個程度用意されており，その問題も非常に手強いものが多い．たとえば，第 1 章の章末問題に次のような問いがある．

　「将来，すべての人々がコンピュータネットワークに接続された家庭端末を持つようになると，重要な法律案に対する国民投票が瞬時に行えるようになる．究極的には，従来のような議会は廃止して，人々

が意思を直接表現することができるかもしれない．そのような直接民主主義の利点ははなはだ自明であるが，欠点について論ぜよ．」

この問題は，先ほどの選挙制度への興味も多分に影響してのことだと思われる．この例のように，単純にテキストに述べられている知識を問う問題だけでなく，答えが1つに定まらないような問題も多い．ただ，経験上この章末問題を悩みながら解いていくと，各章で説明されている内容についての理解がだんだん深まっていくことが実感できる．

この本は短期的にネットワークの知識を得ようとする人には向いていない．4th Edition の本の総ページ数は 891 ページ，5th Edition の本の総ページ数は 960 ページとなる非常に分厚い本である．その分，値段もやや高価になってしまっているが，手元に置いておく価値はあると思う．近年は，大学の授業コマ数に合わせて基本的な内容しか含まれていない教科書や，表面的な解説にとどまっている本が多い中，この本はその真逆をいくものであり，技術者の知的好奇心を十分満足してくれる良書であると言える．

森信一郎 (㈱富士通研究所 ヒューマンセントリック研究所)

数理最適化の実践ガイド

穴井宏和 著, ㈱講談社, 2013, 158p., ISBN:978-4-06-156510-4

◆ 人を幸せな気持ちにさせる「数理最適化」

「うまい!」「感激……」おいしい料理は人を幸せな気持ちにする. 新鮮な材料の組合せ, 絶妙な調味料の加減, 美しい盛付けが私たちの五感を刺激する. この加減は多すぎても少なすぎてもダメである. おいしい料理とは, 人の五感に「最適化」された作品なのである. 料理人はその最適な値を推定するアルゴリズムを備えた装置ということもできる.

人は料理における最適解を経験によって数値化し記録する. これをレシピという. レシピは料理本という形式で人々の間で共有されるが, 特定の料理にしか利用できない. ほかの料理には別の最適解が存在するため, 料理ごとに最適解が記述された別のレシピが必要である. しかし, 料理人は料理が変わっても, つまり初めて作る料理でも最適値を推定することができる. したがって, 料理人は新しい料理を考案することができる. 同様の能力を得るには長い年月をかけた料理修行が必要である.「最適解を推定する力があれば, 食べたことがない美味しい料理を作ることができるのに……」と誰もが切望したとき, 人々はその解法を数学に求めた(のかもしれない).

今回紹介する『数理最適化の実践ガイド』は,「初めて作る料理のレシピを推定することを目的として発行されたもの」ではないが, それと類似した未来を垣間見せてくれる. 一部分ではあるが, 概要を下記に紹介する.

ビブリオ・トーク04　森信一郎(㈱富士通研究所 ヒューマンセントリック研究所)

◆ 最適化手法あれこれ

　私たちは最適化問題 (optimization problem) の基礎となる技術をすでに高校数学で学んでいる．最適化問題とはつまり極値を見つけることである．極値とは問題に応じた最小値 (minimum: min) や最大値 (maximum: max) のことである．その極値は微分して勾配を調べることで見つけられることを皆さんは知っている．穴井教授著の『数理最適化の実践ガイド』はここから始まる．この「微分で勾配を調べる」が，あらゆる場面で最適解を得るための出発点となる．穴井教授は本書でこの出発点を「最適化のこころ」と題して図解を用いてわかりやすく説いている．平面状での極値は比較的想像が容易であるが，図-1に示すように多次元の場合，極値の場所を推定することは難しい．この章では，これら極値の扱いについて学ぶ．

　「最適化のこころ」で最適化の本質を理解し，さらに読み進めると，読者は最適化手法の基礎となる「数理最適化の基本アルゴリズム」へと招待される．この章では，数理最適化の基本的な計算アルゴリズムとして，非線形計画法と線形計画法の原理と特徴が説明されている．個人的に大好きな手法であるニュートン法もここで取り上げられている．私は本書を読みながら，ニュートン法を初めて見たときに「なんてエレガントな手法だ」と感激したことを思い出した．この手法は十分に解に近いところから収束する局所的収束性を持つアルゴリズムであり，一般的には局所的最適解が多数存在する場合が多い．し

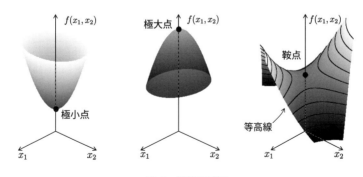

図-1　極値の種類

たがって，大域的最適解を求めるためには，いろいろな初期解からは
じめて，局所的最適解を繰り返し求め，その中から最適解を求める必
要がある．しかし，この手法では計算量が増大し実用的でないことは
想像に難くない．本書では，この課題に対し，より実践的な手法であ
る「メタヒューリスティックス」の紹介も忘れてはいない．メタ
ヒューリスティックスは，できるだけ効率的によりよい解を求めるた
めの一般的な枠組みであり，少ない計算時間で質の良い解を求めるこ
とができる実用的な手法とされている．人や生物の問題解決能力を模
擬することで最適解を得る手法の総称である．

　ここまで読み進めた読者は，すでに実践的な最適化問題に取り組み
たくてウズウズし始めているはずだ．しかし，本書ではその勇み足を
諭すように，プログラミング時の参考となる手法を「数理処理による
最適化」と題して紹介している．浮動小数点演算を繰り返すことによ
る誤差の蓄積に泣いた人はいないだろうか．より正確に最適解が必要
な場合にはどのような手法がよいのか指南してくれる．

　最後に登場するのが「多目的最適化」である．これまで紹介した最
適化問題は1つの目的関数の最適値を求めてきた．この章では複数の
目的関数の最適化を考えていく．複数の目的関数をすべて最小化すれ
ばよいと考えた人は，本書を今すぐ購入すべきである．それではそも
そも多目的最適化として解く必要がない．なぜならば，1つの目的関
数を最適化すればほかの目的関数も同時に最小になっていくというこ
とであるから．つまり，複数の目的関数から構成されている最適化は
目的関数間でトレードオフの関係がある場合が多い．たとえば，商品
単価を下げると販売数量は増加するが個単位の利益率は下がる．逆に
商品単価を上げると販売数量は減少するが，個単位の利益率は上昇す
る．単価と販売数量の2変数の最適化が必要となる．この解法とし
て，著者は伝統的な手法として「スカラー化」と「ゴールプログラミ
ング」を紹介している．どちらもよく知られた方式であるので，ぜひ
触れてみるべきである．また，生物の振舞いをアルゴリズム化した
PSO (Particle Swarm Optimization) 等による最適化（進化的多目的
最適化）についても述べられている．併せて参照するとより多目的最
適解に対する解法の理解が深まる．

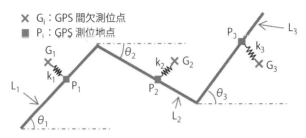

図-2　等価モデル（Ln：歩行経路）

　以上で最適化に関するアルゴリズムの基礎を理解できるようになる．次のステップとして著者は「実問題解決のための心得」を読者に示している．最適化を実際に適用するプロセスの観点から留意点を説明している．ぜひ，読者がこの本を手に取るきっかけとなった問題と照らし合わせながら読んでほしい．かくいう私も実は実際に困っていた課題の解決手法として参考にした一人である．

　私は人の歩行時に得られた情報と間欠動作をさせたGPSの情報から人の歩行経路を割り出す研究を進めていた[1]．人の歩行を直線として近似し，右左折した場所を節とするリンク形状を作り，GPSを間欠運転し，GPSの測位誤差をバネモデルとして捉えた．等価モデルの概要を図-2に示す．

　このモデルの運動方程式を解くとなると，かなり複雑な処理が必要となる．そこで考えたのが変数を $\theta_1 \theta_2 \theta_3 \cdots$ とした多目的最適化である．目的はすべてのバネの伸びを最小にすることである．これに対し，私は最急降下法とPSO法で評価を行った．結果，精度は最急降下法が優れているが，処理速度はPSOの方が速いということがわかった．現在は最終解を過去の情報との差分内での局所最適解として捉え，最急降下法を利用して求めている．このように自分の研究に当てはめてみると効果が手に取るようにわかる．

◆ 私はオススメする

　著者である穴井先生は企業の研究者でありながら，九州大学マス・フォア・インダストリ研究所教授でもある非常にバイタリティ溢れた先生である．私も何度かお目にかかってお話をさせていただいてい

るが，難解な数理処理をわかりやすく説明してくださる．気さくでさっぱりとした性格でありながら，数学に関する情熱を併せ持つユニークな先生である．読者にもぜひ一度会っていただきたい人物であるが，まずは書籍から触れてみるのもよいのではないか．私のオススメの1冊である．

参考文献
[1] 森信一郎, 沢田健介, 肥田一生, 花田雄一, 峰野博史, 水野忠則（共著）, ばねモデルを用いた歩行軌跡補間技術, 『情報処理学会論文誌』, Vol. 52, No. 3, Mar. 2010.

高岡詠子（上智大学）

ディジタル作法
―カーニハン先生の「情報」教室―

Brian W. Kernighan 著, 久野 靖（訳），
オーム社，2013，336p., ISBN：978-4-274-06909-3
（原著）*D is for Digital* Brian W. Kernighan 著,
DisforDigital.net: Printed by CreateSpace, 2011, 236p., ISBN：978-1463733896

◆ ディジタル作法

　ディジタル作法とは，ディジタル世界でのお作法のことであろう．この本はディジタル社会で生きていくための本である．原著者は，このビブリオシリーズ第2回で登場したプログラム書法の原著者のKernighan先生であり，日本語訳はそのプログラム書法を紹介した久野靖先生である．1999年からKernighan先生がプリンストン大学で教えられているComputers in Our Worldという科目があるという紹介から始まるこの本は，まさに情報処理専門家でなくても，情報社会に生きるすべての人間が知っておくべきコンピューティングに関する基本的な知識を網羅してある．

◆ コンピューティングを3つに分ける

　コンピューティングを形成する3つの重要な要素としてハードウェア，ソフトウェア，コミュニケーションをあげ，それぞれの上にあるデータというもう1つの重要な要素をあげて，コンピュータシステムや通信システムがどのように動作しているかを，簡潔に，細かいところまで丁寧に説明した本である．

　第1部　ハードウェアでは，コンピュータとは何か，情報を表す1と
　　　　 0の世界やコンピュータが命令をどう実行しているか，につ

いてまで触れる.

第2部　ソフトウェアでは，オーダという言葉はないにしても，アルゴリズムとは何かから，計算量の概念にも触れ，プログラミングに関しても概説がある.

第3部　コミュニケーションでは，インターネットの仕組み，メールや Web 通信の仕組みから，プライバシーやセキュリティ，情報倫理なども盛り込んだ話題を提供する.

　この3部構成が私は好きである．大雑把に言えば単体のコンピュータはハードウェアとソフトウェアで動いているわけで，そこに外界とのつながりを実現するコミュニケーション技術であるインターネットを紹介するという流れはごく自然な流れだと思う.

　第1部では CPU，メモリ，ディスク，ムーアの法則，アナログ・ディジタル変換，フェッチ＝デコード＝実行というコンピュータの実行サイクルとかキャッシュとか，チューリングマシンなどの説明まである一方でブール代数などの説明は一切ない．ハードウェアを構成する物理的な名前のついた（というと表現は変ですが）ものについて説明がされているという感じである.

　一転して第2部では，アルゴリズムの説明で線形探索，二分探索，ソーティング，計算量等に触れているが，オーダという言葉は出てこない．プログラミングの話の中に知的財産や標準規格，オープンソースなどの話も盛り込まれている．OS の話もしており，カーネルだとかデバイスドライバの話などもある．どの環境でも使え，ブラウザを使ってすぐに実行できるという理由から，扱っているプログラム言語は JavaScript である.

　第3部はインターネットの仕組みとしてプロトコルや IP アドレスなどの話もあるが，Web 上での危険などにも触れているところがいい.

◆ 情報科学のバイブル的存在

　私は本務校をはじめとしていくつかの大学で「情報科学と人間」「コンピュータと人間」「Basic informatics」といった，情報社会で生

きる私たち人間が何を知っておく必要があるのか，何をすべきなのか
ということを伝える授業を行っているが，いずれもこの本を教科書，
参考書として指定している．

　情報社会の発展は急激なので，こういった本の記述の中には数年経
つと時代遅れになってしまうものもあるが，基本的な理論は長く変わ
らず意味があることである．そういった内容が盛りだくさんの本，い
わゆる情報科学のバイブル的存在と言ってもいいと思う．

　情報リテラシーという言葉がある．リテラシーとは「読み・書き」
のことだ．読み書きは社会で生きていくためには必須である．情報社
会における読み書きが情報リテラシーということになるが，最近で
は，情報リテラシーを拡大した概念であり，生涯にわたって情報技術
を使い続けていくために十分な能力である「情報フルエンシー」とい
う考え方のもとに大学の情報の授業が設計されている．こういった授
業を受講する場合には，情報技術を支える基礎的な知識は普遍である
一方で，情報社会の進展の速度を考えた場合，授業で学ぶことの中に
は何年か後には通用しないことがある．それゆえ，単位取得が目的で
はなく，学生が受けた授業を本当の意味で活かしてほしいのはその後
なのである．

　授業を受けずとも，誰もが生涯にわたって情報社会を生きていくた
めに何をしていくべきか何に注意を払うべきなのかといった，情報社
会とのコミュニケーションのセンスを身につけることが必要と思われ
るが，本書では情報技術を支える基礎的で普遍的な知識に加え，そう
いったセンスを身につけるための一通りの知識を得ることができる．
書き方も学術書風ではなく，専門家でなくてもすらすら読める本であ
り，もっと知りたい人のためには補助資料が豊富に提示されている．

　本書のまえがきの言葉を借りれば，セールスマンやサービスセンタ
が100％本当のことを言っているわけではないこと，無知はすぐに被
害につながること，企業がどのようにして情報を利用して利益をあげ
ようとしているのか知らなければ私たちは無意味にプライバシーをさ
らすことになるなど，情報社会が私たちの生活に与える影響がどんな
に多いことか……そういったことを少しでも緩和するためにも本書を
一読することを勧める．

06 ビブリオ・トーク

松崎公紀（高知工科大学）

珠玉のプログラミング
―本質を見抜いたアルゴリズムとデータ構造―

Jon Bentley 著，小林健一郎（訳），
ピアソン桐原（現在は丸善出版），2000, 305p., ISBN：978-4-621-06607-2

◆ プログラミングの面白さを伝えたい

　私の大学では，学部1年生でCプログラミングから始まり，3年生を対象としたソフトウェア工学のPBL（Project-Based Learning 課題解決型学習）演習など，多くのプログラミングに関する講義・実験・演習を行っている．学生は，それらの講義でプログラミングを学んで研究室に入ってくる．しかしながら，最近，ライブラリやWeb上のコード片など，すでにあるパーツを組み合わせることはできるものの，自分で解法を考えることができない（できなくなっている）ような印象がある．もちろん，あるものを組み合わせて動く（見映えのする）ものを作れることはよいことであるが，大学における研究目的のプログラミングでは，それでは困ることが多い．そこでプログラムの改善を促してみるのだが，ライブラリやWeb上のコードを使うこと以上を考える手前で思考停止してしまうようだ．

　私は，広い意味のプログラミングは問題定義，デザイン，実現，および，評価を含むクリエイティブな仕事であると考えている．そのような中には苦労もあるが，課題を解決できたときには喜びもある．このような考えを，どうにか学生に伝えたい．しかし，実際のところ，そう簡単でもない．

　今回紹介する「珠玉のプログラミング」は，クリエイティブなプログラミングへと足を踏み出したい人に，じっくり読んでもらいたい本である．

◆ この本の歴史と概要

この本は ACM の学会誌 *Communications of the ACM* (CACM) に
「Programming Pearls」として連載されたコラムをもとに作られた本
であり，第 1 版は 1986 年に出版された．第 2 版は 2000 年に出版さ
れ，ほとんどのコラムが書き直されている．第 2 版からも時間がたっ
ているため，多少本文に出てくる計算機などが古いことがあるが，本
書の内容は十分現在においても有効である．

この本は，以下の 15 のコラムから構成される．第 1 部（コラム 1
〜 5）は，プログラミングの基礎として，問題定義，アルゴリズム，
データ構造，検証とテストについて広く述べられている．第 2 部（コ
ラム 6 〜 10）は，効率（パフォーマンス）を中心にまとめられてい
る．第 3 部（コラム 11 〜 15）は，それまでのテクニックの応用に関
するものとなっている．この本では，単にプログラムやアルゴリズム
の説明がされるのではなく，例題に対してアルゴリズムをどのように
応用すればいいか考えていくものとなっており，実学に基づいた学習
ができる．

コラム 1：真珠貝を開いて

コラム 2：「ああ（そうか）！」アルゴリズム

コラム 3：データで決まるプログラムの構造

コラム 4：正しいプログラムを書く

コラム 5：あと少しの事

コラム 6：パフォーマンスに関する考察

コラム 7：封筒の裏で …

コラム 8：アルゴリズムデザインのテクニック

コラム 9：コードチューニング

コラム 10：メモリの節約

コラム 11：ソート

コラム 12：サンプリング問題

コラム 13：探索

コラム 14：ヒープ

コラム 15：真珠の列

◆ 工学的アイディアの詰まった本である

　この本の内容から，私の好きなところを3つ紹介しよう．これらにはいずれも工学的アイディアが凝縮されている．

　コラム1の最初に，著者が受けた次の質問が書かれている．「ディスクでのソート（整列）方法を教えてもらえませんか？」あなたならば，どう答えるだろうか．私の最初の解答は，「マージソートを行えばできる」というものであった．これは，上の質問に対する一般論としては正しいものである．しかし，質問者の求めていたものとは異なるものであったという．詳細は省略するが，コラムでは，質問者が求めていたこと（問題）の正確な定義を行い適切なデザインを行うことで，上のマージソートよりもずっと良いものへと到達する過程が示されている．（驚くべきことに，最後はメインメモリ上で動作する単純な2つのループからなるアルゴリズムとなっている．実際に読むと，なるほどと思うに違いない）．

　コラム4で題材とされているものは，二分探索である．プロのプログラマに対して，十分な時間を与えて二分探索のコードを書いてもらいその後検証したところ，90％ほどの人がバグがあったと答えたそうである．このコラムでは，プログラム検証で培われたアイディアをもとに，正しいプログラムを書くための方策が述べられている．

　コラム7では，封筒の裏ででもできるような簡単な計算「封筒の裏計算 (back-of-the-envelope calculations)」を用いて，パフォーマンスに関する評価を行う方法と，その重要性が述べられている．このコラムにある考え方やテクニックは，私生活においても役立っている．

　実際大学で学生の研究指導を行う過程でも，これらのアイディアを活用できる場面によく遭遇する．最近の例を1つ示そう．大貧民プレイヤに関して研究を行っている学生がプログラムを書いたが，どうにも予想より数倍遅かった．そこでコードを一緒に読んでみたところ，まさにコラム1のような状況になったのである．トランプのカードをランダムに配る部分が，正しくはあるのだけれども全然洗練されていなかった．そこで，工夫されたやり方を示してプログラムを改良したところ，まさに驚くほどパフォーマンスが改善したのだ．

◆ 良書は長く価値がある

　このビブリオ・トークの企画があがったときに，私はまっさきにこの本を思い浮かべていた．実際にこの原稿を書く直前の 2013 年 8 月に，出版社が技術書／翻訳の業務から撤退するというニュースがあり大変驚いた（幸い，この本を含むいくらかの本は丸善出版より再出版されることになった）．このような良書はぜひ長く読まれてもらいたいと願う．

小野寺民也（日本アイビーエム東京基礎研究所）

Computer Architecture, 5th Edition A Quantitative Approach

John L. Hennessy & David A. Patterson 著
Morgan Kaufmann, 2011, 856p., ISBN:978-0123838728

　本書は初版が1990年に上梓されているが，タイトルが示すように，書物全体が，アーキテクチャ上の諸問題について定量的にアプローチするという姿勢で貫かれており，諸定義や諸設計を単に羅列し解説するのではなく実マシンによる実測定に基づいて考察し検討しようというものである．本書登場以前の取組み方とは一線を画しており，まさにこの故に喝采をもって迎えられ，たちまちにして当該分野の決定的書物としての地位を確立したのであった．

　初版では，当時の代表的計算機アーキテクチャである，DEC社のVAXアーキテクチャ，IBM社の360/370アーキテクチャ，Intel社の8086アーキテクチャ，の各命令セットが説明され，それに続いてRISCアーキテクチャの教育的な例としてDLXと命名された命令セットが示され，以降このDLXに仮託して，プロセッサの実装，パイプライン処理，ベクトルプロセッサ等が詳説されていく．メモリ階層およびI/Oについてもそれぞれ1つの章を費やしており，初版にしてすでに本体が594ページ，付録が160ページという大著である．

　当時も今もコンピュータアーキテクチャは日進月歩の世界であるが，著者らは数年おきに内容を刷新し，その時代その時代において先進的なトピックを扱い続けている．第2版は1996年に刊行されているが，マルチプロセッサシステムの台頭を受けて，これに関する章が新たに登場した．プロセッサの実装については命令レベル並列性が解説され，メモリ階層についてはキャッシュ最適化の最新技法が説明されている．実マシンでは，MIPS R4000，PowerPC 620，Alpha AXP

ビブリオ・トーク 07　小野寺民也（日本アイビーエム東京基礎研究所）

21064, SGI Challenge などが取り上げられている．本体は 760 ペー
ジ，付録は 223 ページとなり，30 ％の増量である．

　2003 年刊行の第 3 版は，コンピュータの市場が，組込み，デスク
トップ，サーバの 3 つのセグメントに分化したとの認識を反映したも
のとなっている．多くの章において，組込みシステムを論ずる節が新
たに設けられ，メディアプロセッサの Trimedia TM32，ゲーム機の
Sony PlayStation 2，デジタルカメラの Sanyo VPC-SX500 などが取
り上げられている．サーバでは，信頼性，スケーラビリティ，スルー
プットが重要であるとし，Intel 社の IA-64 アーキテクチャ，Sun
Microsystems 社の Wildfire プロトタイプ，EMC 社の Symmetrix と
Celerra，Google 社の PC クラスタなどが取り上げられている．本体
は 883 ページ，付録は 209 ページとなり，さらに 11 ％ほど増量して
いる．

　ムーアの法則により単一プロセッサの性能が 18 カ月で倍になると
いうことは 2002 年を境に成立しなくなり，業界はマルチコア時代へ
と突入していくが，2007 年刊行の第 4 版はこの歴史的転換を反映し
たものとなっている．マルチプロセッサに関する章が前に移動し，マ
ルチスレッディングの定量的評価が加わり，Sun T1 マルチプロセッ
サ (Niagara) が取り上げられている．また，この版では同梱の CD に
付録をできるだけ移すことによりスリム化が図られており，本体 423
ページ，付録 182 ページとなった．

　第 5 版は 2011 年 9 月に上梓されている．各章を簡単に見てみる
と，まず，第 1 章では定量的な設計およびアーキテクチャのための基
本が述べられており，性能向上，電力消費，コスト，信頼性，可用性
に関する式が提示されている．第 2 章はメモリ階層を扱っており，
キャッシュの最適化に続いて，クラウドコンピューティングにおいて
重要な仮想マシンが説明され，実プロセッサとしては，モバイル端末
向けの ARM Cortex-A8 とサーバ向けの Intel Core i7 が取り上げら
れている．第 3 章は命令レベル並列性を扱っており，第 2 章と同様 2
つの実プロセッサが取り上げられている．第 4 章はデータレベル並列
性を扱っており，GPU にフォーカスをあてた渾身の新章で，実プロ
セッサとしては，Intel Core i7, NVIDIA GTX 280 および GTX

480,そしてモバイル端末向けの NVIDIA Tegra 2 が取り上げられている.第5章はスレッドレベル並列性を扱っており,共有メモリマルチプロセッサについて解説されており,最近の4つのマルチコアプロセッサ,IBM POWER7,Sun T2,Intel Xeon 7560,AMD Opteron 8439 が取り上げられている.最後の6章はウェアハウススケールコンピュータを扱っており,実例として Google 社のそれが取り上げられている.分量的には本体493ページ,付録209ページとなり4版からは16%の増量である.

こうして初版から最新版まで駆け足で俯瞰してみると,コンピュータアーキテクチャの四半世紀の歴史そのものであり,その時代その時代において産学が精力を傾注したトピックが扱われている.換言すれば,四半世紀近くにわたって先端的命脈を保つべく改訂を続けているということであり,まさにこのことこそ驚異であり奇跡であると言えるだろう.いずれの版も,当該分野の大学院生のみならず,プロのエンジニアやアーキテクトにも有益であることを謳っており,事実多くの人がキャリアを決定するような影響を受けている.コンピュータアーキテクチャの分野に限らず,これほどの書物は稀有であり,まさに金字塔と言えるだろう.

08 ビブリオ・トーク

山口実靖（工学院大学）

Operating Systems Design and Implementation (3rd Edition)

Andrew S. Tanenbaum，Albert S. Woodhull 著
Prentice Hall (2006), 1,080p., ISBN:978-0131429383
（日本語版）『オペレーティングシステム 第3版 設計と実装』
吉澤康文，木村信二，永見明久，峯 博史（訳），
ピアソン・エデュケーション，2007, 1,111p., ISBN:978-4-489-471769-5

◆ 最強 Tanenbaum 先生

　この本の著者は Andrew S. Tanenbaum 先生である．Tanenbaum 先生は非常に著名な OS の研究者で，おそらく世界で最も有名な OS やネットワークの教科書の執筆者，教育者である．本稿では彼の教科書の魅力を語るが，その前に彼の強烈な個性について語りたい．

　私が最初に Tanenbaum 先生とお会いしたのは，2005 年 10 月に英国 Brighton で開催された SOSP という OS の学会である．SOSP では彼の基調講演があった．彼は既存の OS の問題点を挙げ，非常に有名な OS を酷評し，最後に同年リリースの MINIX3 を紹介していた．MINIX は彼が教育のために実装した OS である．彼は OS の教育のために必要とあらば OS を書くのである．そして 1,000 ページを超える教科書を書くのである．『情報処理』1 月号 (Vol.55, No.1) で佐藤文明先生が書かれているので詳しくは書かないが，彼はとても有名な 1,000 ページ近い教科書を 5 冊書いている．しかも版を重ねている．彼の圧倒的なパワーに脱帽である．

　彼の話も面白かったが，私には聴講のほかにも目的があった．記念に彼と話をし，握手をすることである．基調講演のあと彼が聴衆に取り囲まれて近づけないと困るので，講演が終わると私はすぐに近づいていった．しかし，彼のオーラを感じてか誰も彼に近づかなかった．

私だけであった．私は，話しかける口実にくだらない質問をした．彼は明らかに戦闘態勢であった．講演の内容に反論してきたやつに負けまいと闘争心をみなぎらせていた．私の質問は本当にくだらなかったのだが，彼は丁寧に答えてくれた．その後に「一緒に記念写真を撮ってよいか？」とお願いしたところ，「なんだ，こいつは俺のファンか」と思ったのかやっと笑顔を見せてくれた．握手もできた．寛大な先生に，今も感謝している．

◆ 本書の特徴

　本書の特徴は主に2つある．厚いことと，大量のソースコードが記載されていることである．Tanenbaum 先生は後者に並々ならぬこだわりがあるようだが，まずは前者について語りたい．この本は良い意味でくどい．いきなり結論が出てくるのではなく，背景や歴史や実装の動機が語られてからその機能の説明がある．また，実例を多用している．結果として非常にわかりやすい．少ない文字でシンプルに語られる教科書は，よくわからず何度も読み返し，それでも頭に入らないことが多い．本書は，説明自体は長いが1回読めば綺麗に頭に入る．また，薄くシンプルな教科書を読んで表層だけ知っていた事柄に関して，本書を読んでやっと本質を理解したという経験も多い．

　本書には多くの哲学や思想が書かれている．なぜ OS が必要なのか，どんな目的でプロセススケジューリングを行うのか，デバイスとコントローラとドライバとはどんなものであり，なぜ CPU に割り込み機能が必要なのか，仮想記憶はどうして生み出されたか，ファイルやファイルシステムとはそもそも何なのか．経緯と趣旨を添えて解説されているので非常に頭に入りやすい．

　たとえば，「OS とは何であるか，何のために存在しているのか」は OS の講義を行うときの最初の難関である．OS を綺麗に定義できないのである．彼は OS が何であるかについて6ページ割き，その後 OS の歴史を10ページに渡り語っている．OS が存在しない時代の不便さ，必然的に生まれた OS の祖先 (the ancestor of today's operating system) を紹介し，その延長線上に今日の OS があることを教え，これをもって読者に OS の使命を伝えようとしている．

次に，本書に記載されている大量の MINIX のソースコードについて述べる．まず誤解が生まれないようはっきりと書いておきたいが，本書には MINIX の解説が載っているが，本書は MINIX の解説書ではない．したがって「本書は MINIX という実用されていない OS の本で役に立たないのではないか」という心配をする必要はない．OS の理論的な説明の部分と，MINIX を用いた実装の説明の部分は明確に分かれており，MINIX 以外の部分のみを読んだとしても間違いなく名著と言える．実際，私も本書を用いて講義をしつつ他の OS の実装を紹介することもある．

MINIX のソースコードが公開されており，教科書で解説されていることの意義は，もちろん OS の動作をソースコードに基づいて学習できることである．私が若い頃は「OS の勉強をしたかったら教科書を読むよりソースコードを読んだ方がわかりやすい」とよく言われていた．最近はとんと聞かなくなった．近年の OS の多くはソースコードが大きすぎて読み切れないのである．その点 MINIX は読める量に収まっている．また，Linux と比較してずいぶんと読みやすい．

◆ 和訳版

本書は和訳版も名著である．難しい書籍は，和訳版が役に立たず原著を読むことが薦められることがままあるが，本書は翻訳の質も高い．英語が苦手な人は和訳版を読んでいただけたらと思う．実は前述の 2005 年の SOSP ではもう 1 つ幸運な出会いがあった．本書の筆頭の翻訳者の吉澤先生とお会いすることができたのである．吉澤先生は Tanenbaum 先生のことを「広範囲に詳しく知っている」と評されていたが，同感である．ある一部に関してなら私も負けないくらいの知識を持っているが，これだけ広い範囲を網羅することはできない．

◆ この本は誰が読むべきか

情報を専攻されている大学院生以上の方で OS の学習をしたい方にはぜひ読んでいただきたい．情報系学部学科の学部生が本書を読むのも「あり」だと思う．もちろん，和訳でも良い．学部生が独学で読むのは難しいかもしれないが，学部の講義で用いるのであればまったく

問題ないはずだ．私が学部生への講義で用いた経験から出した結論は，「多少速度が犠牲になるが，深く理解してもらう意味では成功」となっている．

◆ 本書を前にして思うこと

本書は面白くわかりやすいので，ぜひ手にとって知識を身につけてほしいと思う．ほかにも思うことがある．彼は多数の教科書を執筆していて，なおかつ第一線の研究者として活躍している．いったいどのような時間の使い方をしているのだろうか．同じく情報技術の研究，教育に携わるものとして自分の至らなさを反省し，さらなる成長に努めたいと思う．日本の情報処理学会会員の皆様も，ご自身のさらなるご躍進を志す1つのきっかけにしていただければと思う．

◆ 意外なファン

私の妻は本教科書のファンである．なぜかというと，表紙のアライグマが好きなのである．

横山昌平（静岡大学）

SQL パズル 第 2 版
―プログラミングが変わる書き方／考え方―

ジョー・セルコ 著，ミック（訳），
翔泳社，2007, 336p., ISBN：978-4-798-11413-2
(原著) *Joe Celko's SQL Puzzles and Answers, Second Edition* Joe Celko 著，
Morgan Kaufmann, 2006, 352p., ISBN：978-0123735966

　本書はジョー・セルコの名著 *Joe Celko's SQL Puzzles and Answers* の訳書である．

　もし貴方がデータベースに関する業務に就いているなら，SQL の勉強に飽きて気晴らしをしたくなったときに，この本を読んでほしい．きっと勉強になる．

　本書は全 75 章からなり，各章 1 つずつ関係データベースと問合せに関するパズルが出題され，その解法が解説されている．このような問題集形式の本は SQL だけでなく他の言語にも数多くあるが，本書は「パズル」というタイトルが面白い．「クイズ」でも「クックブック」でもなく，本書は「パズル」と銘打っている．読み進めれば，確かにこれは「パズル」だという感想を持つだろう．それと同時に，SQL という言語の，特異性というか，面白さが見えてくる．

　C 言語が手続型言語だとしたら SQL は宣言型言語と呼ばれている．プロセッサをどう働かせるか，すなわち How を記述する C 言語に対して，SQL は得られる結果が何であるか，つまり What を記述する．また，用途を基準とした分類では SQL は問合せ言語の一種とされている．

　宣言型言語に分類される汎用なプログラミング言語としては LISP や Prolog がある．それらは先進的なプロジェクトでの利用例は数多くあるが，データベース言語における SQL のような唯一無二の存在

には残念ながらなっていない．では，なぜ SQL がデータベース言語において確固たる地位を築き上げ，とどまり続けているのか．おそらくそれは，What を記述する宣言型のアプローチとデータベースの組合せの親和性が非常に高く，明快かつ効果的なデータ問合せ手段をユーザに提供し続けてきたからだと考える．

SQL による問合せは，「大きなデータの塊から何が欲しいのか」という What の断片を組み立てていくことにより構成されている．つまり，まさしくジグソーパズルのピースを当てはめていくように，問合せを書いていくのである．

そして本書のタイトルは『SQL パズル』だ．出題されるパズルも非常に面白い．たとえば「忙しい麻酔科医」という章は，手術を掛持ちする麻酔科医の給与計算の話である．テーブルには担当する複数の手術の開始時刻と終了時刻が格納されている．給与はその手術時間に応じて支払われるが，麻酔科医は同時にいくつもの手術を掛持ちしており，重複している時間が存在する．手当は両方の手術時間を足したものに対して支払われるが，同時掛持ち数に応じて減額される．この給与計算を SQL で表現しろというのがこの章でのパズルだ．どの章も複数の解答例を載せており，この章の解法として5つの SQL 文が示されている．

もちろん C 言語でも LISP でも，同じような問題は出せるかもしれない．ただ，おそらくそれはアルゴリズムを考えさせる問題になるだろう．ところが，SQL では，問合せを組み立てることはアルゴリズムと独立している．このことがパズルをより面白くしている．SQL がどのように解釈され実行されるかは基本的には DBMS 依存である．逆に言えば，計算量だのメモリ効率だのは SQL ではあずかり知らぬことだと言うことができる．本書では各パズルにおいて複数の解答が提示されているが，それぞれの解答は定量的に優劣が評価されているわけではない．つまり，面白い SQL 文の使い方だとか，きれいな書き方だとか，そういったメタなレベルでそれぞれの解答を比較評価できるのも，本書が気負わないパズルとして楽しめる点である．

もちろん，これは単に楽しいパズルというだけでなく，それぞれの章に，技術的な目的がある．「忙しい麻酔科医」はデータから重複す

る期間を発見する手法が主題だ．何も麻酔科医に限った話ではなく，一般的なデータベースシステムの実装においても，役に立つ知識である．ほかにも「大家の悩み」という章では複雑な外部結合について読者に考えさせる．また「安定な結婚」という章では，手続型言語と宣言型言語の違いが題材となっている．このようにパズルのスタイルを借りて，さまざまな技術的な課題と解法がぎっしり詰まっているのが本書である．

　クイズでもクックブックでもなく，ましてやドリルでもない本書は，まさしくパズルとして楽しめる．惜しむらくは，本書が駅の売店で売っているクロスワードパズルや数独ぐらいのサイズの本であれば，気軽に持ち歩けるのだが……．

10 ビブリオ・トーク

伊藤毅志（電気通信大学）

Lisp 3rd Edition

Patrick Henry Winston, Bertbold Klaus Paul Horn 著
ADDISON-WESLEY PUBLISHING COMPANY, 1989.
611p., ISBN:9780201083194
（日本語版）『Lisp 原書第3版（情報処理シリーズ）』P. H. ウィンストン，B. K. P. ホーン著，白井良明，安部憲広，井田昌之（訳），培風館，1991.
1巻：342p., ISBN:978-4-563-01464-3
2巻：296p., ISBN:978-4-563-01465-0

今回紹介する P. H. Winston と K. P. Horn による *Lisp* は，人工知能言語 Lisp の教科書として長きにわたって使われている名著である．私が学部学生時代の自身の研究の始まりの時期にはじめて Lisp という言語を学ぶにあたって，本書を教科書とできたことは，今でもとても幸運であったと思っている．

この本は単に言語を学ぶということにとどまらず，Lisp を通して人工知能，認知科学の研究の方法まで学ぶことができる名著である．

◆ P. H. Winston について

本書の主著 P. H. Winston は，MIT 人工知能研究所の二代目の所長 (1972～97) で，初代所長の Marvin Minsky (1970～72) から継いで 25 年もの長きに渡り，この分野の先導的役割を果たしてきた人物の 1 人である．本書もまさにその時期に書かれたものである．

Winston 氏は，機械学習と人間の学習をテーマにした研究者としても有名であるが，優れた著書を通して，人工知能の教育にも尽力した人物でもある．本書のほかにも，*Artificial Intelligence, The Psychology of Computer Vision, On to C++* などの名著も多く，いずれも『人工知能』（培風館），『コンピュータービジョンの心理』（産業図書），『ウィンストンの C++』（ピアソンエデュケーション）と日本語にも

翻訳されている.

◆ 本書の概要

本書 *LISP* の初版は，1981 年に刊行され，その日本語版も白井良明氏と安部憲広氏によって翻訳され，翌年には培風館から刊行されている．初版の説明では，MIT で開発された Mac Lisp が用いられていたが，第 2 版以降では，Common Lisp を対象にして，書き換えられている．本書は，Lisp の基本的な概念からより深い表現を学べる【前半】と，Lisp の強力な表現力を具体的応用例から学べる【後半】から，構成されている．目次は以下のとおりである．

◆ 『LISP 第 3 版』目次

【前半】
1. 記号処理の理解，2. 基本的 Lisp プリミティブ，3. 手続きの定義と束縛，4. 述語と条件，5. 手続き抽象化と再帰，6. データ抽象化とマッピング，7. 数とリストの繰返し，8. ファイルの編集，コンパイル，ロード，9. 入出力，10. 良いプログラミングのための規則とデバックのツール，11. 属性と配列，12. マクロとバッククオート，13. 構造体，14. クラスと汎用関数，15. レキシカル変数，ジェネレータ，カプセル化，16. スペシャル変換，17. リスト記憶領域，外科的修正，回収，18. Lisp で書く Lisp

【後半】
19. 探索を含む例，20. シミュレーションを含む例，21. クラスとメソッドを用いた積み木の世界，22. ゴールに関する質問への解答，23. 制約伝播，24. 記号のパターンマッチング，25. ストリームと遅延評価，26. ルールベース型エキスパートシステムと前向き連鎖，27. 後ろ向き連鎖と PROLOG，28. 遷移木の解釈，29. 遷移木のコンパイル，30. 手続きを書くプログラムとデータ・インタフェース，31. 画像の中からパターンを見つける，32. 記法の変換，行列の処理，根の計算

本書が特に優れているのは，Lisp という言語の概念を体系的に学

べるだけでなく，本書の後半で，具体例を示しながら，Lisp を用い
た人工知能の広い応用例を見せてくれている点にある．

　たとえば 19 章では，Lisp を用いて問題解決の基本的なアルゴリズ
ムである探索の手続きが容易に記述できることを示してくれている．
それと同時に「幅優先探索」や「深さ優先探索」や「最良優先探索」
などの基本的な探索のアルゴリズムを学ぶことができ，自然と人工知
能の基本的な考え方が身につくようになっている．

　後半の章は，Winston 氏の *Artificial Intelligence* とも密接に関連し
ていて，本書と同時にこの本も読むと，より理解が深まる．

　21 章の積み木の世界の表現と理解，24 章で語られるパターンマッ
チングを用いた簡単なエキスパートシステム，26 章のルールベース
型のエキスパートシステム，28 章の自然言語処理の理解のための遷
移木の解釈など，多岐に渡る人工知能研究への応用例を示してくれて
いる．

　また，各章には，必要に応じて例題も紹介されている．そればかり
か，章末には，まとめも載っていて，それぞれの章で学ぶべき内容を
一つ一つ確認できるようになっている．この本の最後にはしっかりし
た解答例も書かれており，独学でも学習できる構成になっている．

　プログラムもデータも関数もすべて S 式で表現できる Lisp という
言語は，当時学部生だった私にとっては，無限の可能性を秘めた言語
に思え，本書を読みながら胸踊らせたのを鮮明に記憶している．

　今では立場を変え，私が大学で Lisp を学生に教える立場になって
いるが，本書の影響を強く受けて授業で説明を行っている．当時私が
受けた感動と同様の感動を学生たちに伝えられるかどうかはわからな
いが，Lisp の魅力を少しでも伝えられるように心がけているつもり
だ．

　授業では十分な時間数を取ることができず，本書のように Lisp を
用いた幅広い人工知能研究への応用まで説明することは難しい．本書
のようなしっかりとした構成の教科書は，30 年の時を経ても色褪せ
ることはない．人工知能や認知科学を志す若い研究者には，ぜひ一度
は手にとって読んでいただきたい名著である．

金岡　晃（東邦大学）

機動警察パトレイバー
風速40メートル

伊藤和典 著
㈱KADOKAWA　富士見書房，1990, 229p., ISBN：978-4-829-12374-4

　伊藤和典による本書は，アニメのビデオや映画，コミックで展開されていた『機動警察パトレイバー』シリーズの1つである．汎用人間型作業機械「レイバー」がさまざまな分野に進出した時代において，警察に配備されたレイバー隊の活躍を描く物語であるパトレイバーは当時から大きな人気を得ていた．

　本書は2つの物語が収録されており，その1つであり本書のタイトルともなっている『風速40メートル』は，1989年に公開された映画『機動警察パトレイバー the Movie』のノベライズ版であり，本書の大部分を占めている．本書は25年前に製作された作品とは思えない現代に通じるさまざまな要素を持った作品となっている．この点こそが，情報処理学会の会誌でこの物語をおすすめする理由である．

◆ 物語の芯に位置するのは「OS」

　レイバーに搭載されているOSの新たなものが開発され，それが大規模に適用された．しかし画期的とされる新OSには，悪意のあるプログラムによりレイバーが暴走する仕組みがあらかじめ組み込まれており，首都圏は壊滅の危機を迎える．

　これが物語のあらすじである．

　物語の芯には「OS」があり，画期的なOSが開発されたことにより世の中が進んでいく，というところから物語が始まっていく．繰り返すが，この話は1989年に映画化されたものであり，Windows 95が発売される6年前のことである．一般人にはOSという言葉さえ

まったく聞きなれないものであった時代である．そのような時代に，物語の芯に OS を据えた本書の先進性はすごい．面白い．

◆ 色褪せず現代に通じる示唆

OS を中心として物語が進む本書であるが，そのほかにもさまざまな点で現代に通じる示唆が含まれていて面白い．すべてを紹介することはできないが，いくつか紹介しよう．

まずくだんの OS「HOS (Hyper Operating System)」ははじめから悪意のあるプログラムが含まれていた．これを文中では「正真正銘のウイルスが仕掛けてあった」と表現しているが，これは現代のコンピュータウイルスの定義とは離れている．より大きな意味でマルウェアと言えるだろう．「トロイの木馬」という表現もされているが，こちらは現代の意味としても正しい．25 年前にはまったく一般的ではなかったこの用語が含まれていることもこの物語の凄さを示すものである．なにより，この HOS は本来の目的であるレイバーの暴走を偽装あるいは隠蔽し，OS としての動作を（しかも従来 OS より高性能に）行うソフトウェアとなっている．まさに現代，Android のアプリケーションでプライバシやセキュリティの観点から大きな問題となっている点と通じている．面白い．

主人公らが操るレイバーにも HOS のインストールが指示されていたものの，整備班員の機転により「書き換えるフリして，起動画面のダミー放り込んで」書き換えを故意に行わず危機を回避していた．こちらもまた興味深い．複雑化するソフトウェアの処理内容に対し，ユーザがソフトウェアと接するのはインタフェースである UI (User Interface) のみ．UI で触れられる部分だけでいかにユーザに信頼を提供するかは，現代そして今後ますます重要になる大きな課題である．別の視点で考えると，UI を似せるだけでユーザは偽物を信頼してしまうのではないか，となる．Web や電子メールにおけるフィッシングと同じ構図である．25 年前の本書において，整備班員はフィッシングをしていた．数行のシーンであったが，深い示唆を与えてくれる．面白い．

犯人である HOS 開発者は，これまでの経歴に関わるすべての組織

のシステムに侵入し，自身に関わるデータを消去していた．物語当初で開発者が他界していることも加わり，搏査員（と読者）は開発者の人間性を感じることなく物語が進んでいく．データを消すことで人間としてのアイデンティティが見えなくなり，喪失されている状態を見せている．情報通信の時代において，アイデンティティとは何なのか．アイデンティティを形成するのは何なのか．ソーシャルネットワーキングサービスが隆盛している現代において，この点が投げかけるものもまた面白い．

　25年前の作品であるため，古さを感じる部分があることは否めない．しかし，読み進めるごとにいろいろな示唆を与えてくれる．それらは色褪せず，むしろこの現代で身近な問題になってきた．私はセキュリティの分野で研究をしているため，受けた示唆が上記のようなものであったが，人それぞれ受け取るものがあるのではないか．なにより，物語として面白いのでぜひ一読していただきたい．

◆ 本書への謝辞

　本書をはじめとするシリーズに，私は情報を学ぶ道を開いてもらったといっても過言ではない．この借りはいずれ精神的にお返ししたい．

12 ビブリオ・トーク

吉岡信和（国立情報学研究所）

ピープルウエア 第3版
―ヤル気こそプロジェクト成功の鍵―

トム・デマルコ, ティモシー・リスター 著, 松原友夫, 山浦恒央 (訳),
日経BP社, 2013, 320p., ISBN:978-4-822-28524-1

「ソフトウェア構築の生産性は組織によって10倍違う」と聞いて, あなたは驚くだろうか, それとも納得するであろうか？ たとえば, 5人でチームを作ってソフトを開発する場合, 1人[※1]月150万円だとすると, 最低の生産性のチームが1年9,000万かけてがんばって作成するソフトを, 最高のチームが作るとたった1ヵ月強の900万円で作成し, 8,100万円もの経費が削減できる.

「どうせプログラミングの生産性の違いは持って生まれた素質の違いであって, googleなどの一部企業だけが好待遇を武器にタレントをヘッドハントして揃えるしか組織の生産性を高くできない」と, あなたは思うかもしれない. そう考えている会社でチームを任されている人, 研究室や研究チームを率いている教員にこの本をおすすめする.

本書ではソフトウェアの生産性を上げるためのポイントを, 人の観点で整理している. この原書の初版は1987年と27年も前で古典の部類に属する. 1999年に第2版として改訂され, 第3版が2013年に出版された. 変化が激しいソフトウェア業界でバイブルとして四半世紀も読み続けられていることになる. その理由の1つは, この本が技術よりも人にフォーカスを当てている点にある. つまり, 技術がどんなに進歩しようとも, その技術を利用する人には普遍的な部分が多く, ソフトウェアを作り出す人こそが開発に大きな位置を占めるというこ

※1 1人が1ヵ月かけて行う作業量（プログラミング）のこと. 1週間で5日間作業し, 1日は8時間の作業時間を想定する.

との表れであろう.

さらに特出すべき本書の特徴け,その読みやすさである.本書はなんと 39 もの章に分かれており,1 つの章が 5 ページから 8 ページ程度と 10 分程度で読めるエッセイ仕立てになっている.通勤途中などちょっとした隙間時間に,ブログのように各トピックを読み進むことができるので,忙しいマネージャやリーダにやさしい.

本の構成は,次の 6 つのパートからなっている.

「第 I 部　人材を活用する」

1980 年頃の著者が行った調査では,25 人年以上の大きな開発プロジェクトの約 25 ％が完成していなかった.その状況は今も変わらない.2004 年から始まった特許庁のシステム変更は 55 億円かけて結局完成しなかったことはまだ記憶に新しい.日経コンピュータが 2008 年に行った調査でも開発プロジェクトの成功率は 26.7 ％に過ぎなかった.

著者らはコンサルタント経験を通じ,プロジェクトの失敗の主な原因が技術的問題でも政治的問題でもなく,社会学問題が本質と捉えこの本のテーマとした.第 I 部では,人が能力を発揮し高い生産性を生み出すには,目標を誰がどう設定すべきか,期限でプレッシャーを与えるべきかなどについて説明している.特に "エンドユーザの要求をはるかに超えた品質水準は,生産性を上げる 1 つの手段である" との言葉には,考えさせられるマネージャも多いことだろう.

「第 II 部　オフィス環境と生産性」

著者らは,生産性を調査するためにさまざまな企業が参加するプログラミングコンテストを開催した.その結果,優れた成績を収めたチームとそうでないチームの作業環境には非常に強い相関関係があることがわかった.もちろん,働く環境が良い会社には良い人が集まるので,人的要因が影響していないとは言えない.

しかし,結果的に環境によって生産性の高いチームを作ることができる事実に変わりはない.第 II 部では,生産性と相関の高い要因として,雑音,割り込み,プライバシー,スペースの 4 つを説明している.受験や論文の締切に追われ,集中するために図書館を利用した経験がある方ならこの要因も納得できるであろう.なぜ就職するとその

体験を忘れてしまうのであろうか.

「第III部　人材を揃える」

成功を収めるチームを作るには，人材を揃え，その人に満足感を与え，やめないようにし，束縛から解放するという3つの原則に基づくべきだと著者らは言う．第III部では，この3つの原則を守るために，オーディション形式の面接など具体的なアドバイスを示してくれている．近年，すぐに会社を辞めてしまう若者や，リストラによって良い人から先に辞めてしまうことが企業で問題になっている．本書では退職に伴うコストは人件費の20％で，それを補うための他への影響はこれよりもはるかに大きいと警告している.

「第IV部　生産性の高いチームを育てる」

"チームの結束の過程は，コントロールしようとすると，すぐにこわれてしまう"という著者の言葉に，思い当たるリーダも多いだろう．それでは，どうやってチームを育てればよいのだろうか．第IV部では，この疑問に対してチーム殺しの方策を説明することによって逆説的に答えてくれている．つまり，チームを殺さないように気をつけることがまず重要である．そして，品質市場主義を作り出す，満足感を与える打上げをたくさん用意する，チームに異分子を混ぜることを奨励するなど6つの戦略的要素を説明している.

本書の"固く結束した作業グループがやろうしていることは，音楽のアンサンブルのメタファーがよりふさわしい"という言葉は，理想のチームをまさに言い表している.

「第V部　肥沃な土壌」

企業でも大学でも，組織にはそれぞれの色，文化が存在する．「それはすてきなアイデアですね．すぐにやってみます」とチームがすぐに行動を起こせる文化が，快適に，かつ創造的に仕事ができる組織に必要である．あなたの組織でそのような発言を頻繁に耳にするだろうか．第V部では，チームを超えてどのように良い企業文化を作り出し，チャレンジ精神旺盛で学習能力が高い組織にするかを解説している.

「第VI部　きっとそこは楽しいところ」

"プログラミングコンテストは，建設的な混乱という喜びの源泉で

ある"本書の最後のパートでは，試行プロジェクトやコンテストなどによる「小さな混乱」によって仕事を楽しみながら改善する方法が述べられている．

本書の言葉に，あなたが死を迎えようとしているときに思い出すこととして，暖かい家族の絆や思い出とともに，"会社の中に素晴らしいコミュニティを築いたことも忘れてはならない"とある．素晴らしい成果を出すコミュニティを作ることは，個々の成果以上に偉業であり社会のかけがえのない価値となる．本書は，ソフトウェア開発のコミュニティ（チーム）を築くためだけではなく，創造が必要なあらゆる研究チームを作り上げるときにもきっと役に立つであろう．

13 ビブリオ・トーク

角　康之（公立はこだて未来大学）

Computer Lib /Dream Machines

Ted Nelson 著
自費出版, 1974.

トーク感を出すために，以前，私がビブリオバトルでこの本を紹介したときのスピーチの書き起こしをもとに書いてみます．

　はい，えーっとですね，僕は今日はね，本当にとっておきの本を紹介します．これ，こっから見ると *Dream Machines* って本なんですね．だけど，反対から見ると *Computer Lib* っていう表紙になってる．こっちからも読める．真ん中辺でね…この辺かな，ひっくり返ってるんだよね．
　書いたのは誰かっていうと Ted Nelson って人．Ted Nelson 知ってる人？　あー，あまりいないですね．World-Wide Web 知ってるでしょう？　Web ができるだいぶ前にハイパーテキストっていう概

念を提案した人です.

表紙を見ると, ほら, "You can and must understand computers NOW." って書いてる.「コンピュータのこといつ理解するの？今でしょ！」っていう話です. あ, すべった.

で, この本, いつ出たかが大事なんです. 1974年. 生まれてないよね？ 僕6歳. アップルもマイクロソフトもまだできてない. だから, パーソナルコンピュータという概念ができたかできないかの頃です. ウーマンリブって言葉聞くじゃないですか. 女性解放運動. その「リブ」です. コンピュータを使って我々に自由をっていうスローガンですよ.

当時はまだまだコンピュータっていうのは限られた人にしか使えなかったんだけど, みんながパーソナルコンピュータっていうのを持って, 自分の意見を発信して, みんなが直接つながり合ったら世界は変わっちゃうぞっていうことを言ったんです. 今まさにそういうこと起きてますよね. それを1974年に予言した. 予言したっていうか, そういう世界での大事なツールになるであろうコンピュータっていうものをいつ理解するのか, 今でしょ, といった本です.

それだけじゃちょっと本として寂しかったのかよくわかんないんですけど, もう少し夢も語りたいなと思ったんじゃないですか. ドリームマシーンズ. こっちから見ると, なんかあやしい写真がいっぱいですけど, VRの先取りみたいなこととか, まあ色々書いてます.

この本のことは, 『リテラリーマシン』っていう本の中で「伝説の本」って紹介されてたから存在は知ってたんですよ. どこで出会ったかというと, えっと僕がATRに就職して少し経ってからの海外出張のときだから…96年くらいにスタンフォード大学のブックストアに行ったら, これが平積みされていたんです. 13ドル95セント. 元々は自費出版なんですよ. 伝説の本で, 知る人ぞ知る. 僕はそういうなんていうか歴史上の人物が好きな方なんです. ミーハーなんで.

中を見るとすごいんです. 手描きの絵やタイプライターで書いた文章が好き放題にレイアウトされていて, 手作り感が最高なんです. この本を書く段階でこの人の頭の中はハイパーテキストだったわけですよ. 非常に断片的なわけね. 1つの文章をシューッと書くというより

も，こういう風に思いついたことをもうバラバラバラバラ書いていっ
てる．

　でも，これもうなかなか手に入んないんですよ．Amazon で探して
も，中古で5万いくらとかになっちゃってる．ビブリオバトルの趣旨
としては，ぜひ読んでください，買いに行きましょうって言いたいと
ころなんだけど，そう言えないんですね，今日は．

（ビブリオバトルでのスピーチはここまで）

....

　これだとあまりにも本の中身に関する情報が乏しいので，少し補足
します．

　Ted Nelson は 60 年代からハイパーメディアの概念を提唱し，
Xanadu という未完のプロジェクトをライフワークにしています．理
想のハイパーメディアを提唱しているうちに Web が世の中に出てし
まい，本人はそれにはまったく満足していないようです．本書には，
Xanadu のアイディアがたくさんのスケッチとともに書かれていま
す．また，コンピュータグラフィクスや，コンピュータの教育への利
用に関する彼の考えが書かれています．70 年代に思い描かれた「来
る未来」は，今見てもワクワクします．

　Ted Nelson の文章で入手しやすいものとしては，『リテラリーマシ
ン―ハイパーテキスト原論』（アスキー出版，1994 年）があります．
田中譲先生の特別寄稿も読みごたえあります．これも絶版ですが，図
書館や中古で見ることはできるでしょう．また，*The New Media
Reader*（The MIT Press，2003 年）という本に本書が一部掲載され
ています．この本にはほかにも歴史的な論文が多く紹介されており，
お勧めです．ですが，本書について言えば，やはり Ted Nelson の手
作り感あふれる自由なレイアウトが再現されていないのが残念です．

追伸：本表紙の写真掲載の許可を得ようと Ted Nelson 氏本人にメー
ルを書いてみたところ，数時間で許可の回答がありました．また本
書が注文できるようになったそうです．ご興味のある方は http://
hyperland.com を確認してください．

加藤由花（東京女子大学）

経営科学のニューフロンティア 7
混雑と待ち

高橋幸雄，森村英典 著
㈱朝倉書店，2001, 240p., ISBN:978-4-254-27517-9

　本書は，待ち行列理論の入門書である．まえがきには「これまでにないまったく新しいタイプの入門書に挑戦してみることにした」と記されているが，まさにそのとおり，他の入門書とは一線を画すユニークな作りになっている．

　まず，取り上げられている題材に特徴がある．本書では，待ち行列理論を「偶然を原因とする混雑現象の解析理論」と定義しているが，世の中には交通工学，在庫理論など，混雑現象を扱う学問は数多く存在している．これら広い意味での混雑現象を統合して論じることが本書の目指すところであり，「混雑」「待ち」というキーワードのもと，多種多様な題材が集められている．まったく異なる分野でありながら，「流入」と「流出」という観点から，混雑現象が統一的に論じられていく手法は見事である．

　そしてもう1つ，各現象に対する理論的な裏付けが丁寧に解説されている点も，本書の特徴である．前半部（第1章から第4章まで）では，なるべく数学を使わず，直感的な議論がなされていくが，それに続く後半部（第5章から第9章まで）では，いくつかの現象を選択し，数理的に掘り下げた解説が行われていく．混雑現象を比較的簡単なモデルを用いて解析することで，単なる直感では得られない問題の本質が理解でき，適切な対応策を得られることが実感できる構成になっているのだ．決して難しい数学的概念を扱っているわけではないのだが，さまざまな事象を紹介しただけの読み物にならないよう，理論的な裏づけが丁寧に行われている点も好感が持てる．以下，内容を

見ていこう.

◆ 人気店の行列はなぜできる？

まず前半部では,「混雑と待ち」現象が, とにかく広範囲に紹介されている. 人気店の行列から人事の停滞まで, こんなものまで考察対象になるのかと驚かされる. 主なものをいくつか紹介しておこう.

・開門待ち型混雑:

　　休日のテーマパーク, 人気商品の売り出し日の行列など.

・ラッシュアワー型混雑:

　　通勤ラッシュ, 学食の行列, 災害時の電話輻輳など.

・ランダム到着による待ち行列:

　　スーパーのレジ, 銀行の ATM, 滑走路など.

・呼損系の待ち行列:

　　電話, 駐車場, レストラン, オーバーブッキングなど.

・計算機における待ち行列:

　　割込優先権, ジョブの処理方法, メモリ割当など.

・通信における待ち行列:

　　インターネット, LAN, ウィンドウ制御など.

・歩行者と混雑:

　　電車の定員, 歩行者と専有面積, 横断歩道, ホームや階段の混雑, 緊急避難と非常口, エスカレータ, エレベータなど.

・車の混雑:

　　交差点における渋滞, ダンゴ運転, 料金所, 救急車の混雑など.

・鉄道における混雑:

　　電車の運行, ダイヤの回復, 貨物ヤードなど.

・都市と交通:

　　水路交通, 建物の高さと都市の大きさ, コンパクトシティなど.

・備蓄と在庫:

　　石油, 米, 水, 図書館, DB, 安全在庫, 最適発注量など.

・その他:

レンタカー，集中豪雨，洪水，ダム，ごみ問題とリサイクル，
電力需要，人事の停滞など，

◆ ランダム到着の意味

続く後半部では，前半で取り上げたいくつかの現象を数理モデル化
し，その解析方法が説明されていく．ここでは「数理的にもう少し掘
り下げることによってその本質の理解が容易になり，またその対策も
自然と明らかになるような例」として，以下に示す電車やバスの待ち
時間が取り上げられている．

適当な時間に停留所に到着した客が，次のバスが来るまでに平
均何分待つ必要があるかという問題を考える．平均待ち時間はバ
スの到着間隔の分布によって決まり，たとえばバスがちょうど
10分間隔で到着するのであれば，平均待ち時間は5分になる．
これは，客の到着時点がバスの到着間隔（10分間）の間に一様
に分布していると仮定し，待ち時間の期待値を取ることにより求
められる．一方，バスの到着が（平均間隔は10分だが）まった
くランダムであった場合は，バスの到着間隔は指数分布に従い，
平均待ち時間は10分（等間隔の場合の2倍）になる．

ここでは，「ランダム到着」のモデルが，到着時間間隔が互いに独
立で指数分布に従う確率過程となることが示され，ランダム性を示す
最も重要な要素として「無記憶性（マルコフ性）」の説明が行われて
いる．無記憶性は，確率過程のある時点から将来の振舞いが従う確率
法則が，現在の状態のみに依存し過去の状態遷移には無関係に決まる
性質のことであり，待ち行列理論の解析において重要な役割を果たす
性質である．前半部のさまざまな現象を直感的に理解してきた読者
は，ここにきて数理モデルのありがたさ（数式で書ける！）を実感す
ることになる．

後半部ではさらに，窓口数の効果，待ち行列ネットワーク，流体モ
デルを用いた信号の周期やエレベータの配置問題などの解析結果も紹

介され，それぞれの現象と数理モデル化の結果を体得できるように
なっている．

◆ 情報ネットワークとの関わり

待ち行列理論は，オペレーションズ・リサーチ (OR) の一分野であ
り，本書の著者たちも OR 分野の研究者である．一方，本書にも記さ
れている通り，待ち行列理論そのものは，電話システムの設計と評価
のために，1900 年代の早い時期に，デンマークの電話会社技師 Er-
lang によってなされたのが最初と言われている．情報通信分野との
関連は当初から深く，「通信トラフィック理論」として，さまざまな
モデルが数学的に，また数値計算，シミュレーションによって解析さ
れてきた歴史がある．

情報ネットワークは，本質的に確率現象を扱う学問なので，基礎理
論として確率過程をベースとしたトラフィック理論を身につけておく
ことは意義がある．そのため，多くの大学でトラフィック理論に関す
る講義が行われており，Kleinrock の *Queueing Systems* を始め，多
くの教科書が出版されている．しかし，確率論から始まるこれらの教
科書は数式だらけになりがちで，難しすぎるとの声も聞かれる．

本書は，教科書として講義用に用いるというより，参考書や副読本
にぴったりの本である．勉強したいのだけど待ち行列理論ってよくわ
からない！という方にもお薦めである．日頃遭遇するさまざまな確率
現象が，どのように数理的にモデル化されていくのかをぜひ体感して
みてほしい．

◆ トラヒック vs. トラフィック

ちなみに，情報処理学会では traffic を「トラフィック」と記載す
るが，通信業界では「トラヒック」と記載するのが慣例である．「ト
ラヒック」と書いて情報処理学会に投稿した論文が，掲載前の校閲で
「トラフィック」と直されてきたときにはちょっとしたカルチャー
ショックであった．企業に在籍していた当時は，所属部署名からして
「通信トラヒック研究部」だったので，世の趨勢がトラフィックであ
るとは，夢にも思っていなかったのだ．

15 ビブリオ・トーク

塚本昌彦（神戸大学）

ポスト・ヒューマン誕生
―コンピュータが人類の知性を超えるとき―

レイ・カーツワイル 著, 井上　健（監訳）, 小野木明恵・野中香方子・福田　実（共訳）,
NHK出版, 2007, ISBN:978-4-14-081167-2
（原著）Kurzweil Ray. *The Singularity Is Near: When Humans Transcend Biology*, 2005.

◆ C/O Loretta Barrett Books Inc.

　コンピュータが急速に進化して人類の知性を超え，人類と融合して超人類となる．そしてその超人類が科学技術の進化を担うようになると，科学技術はこれまでの発展曲線とは異なる急峻な成長を描く発展曲線となり，人々のくらしや環境，人類・宇宙自体もこれまでにない大きな変容を遂げるという．その発展曲線の変わり目が「シンギュラリティ（技術的特異点）」であり，本書によればそれが2045年であるというのだ．

　そもそも，「自分」という不思議や，コンピュータがいつか意識を持ち人間と対等な存在になるということがあるのだろうかという不思議は，多くの人にとって小さいころからの共通の関心であるにちがいないが，多くの人が，それらは解決には100年以上かかり，自分が生きているうちにはきっとそのわずかしかわからないだろうと想像しているに違いない．同様に，宇宙や素粒子などの物理学や数学，医学など，数多くの人類共通の謎や未解決の問題があるが，100年やそこらでは解決できない問題も多いと考えるのが自然である．しかし，驚くべきことにシンギュラリティの考え方によると，20年，30年という短いスパンの近い将来，意識を持ったコンピュータあるいは超人類が現れ，さらにその知性は宇宙や生命の謎をほとんどすべてあっという間に解き明かすという．その知性は科学技術を進歩させ，あるときを境に，人類の生活や環境を驚くほど大きく変化させるらしい．本書で

はコンピュータの知能が人類を超えるのが 2029 年，シンギュラリ
ティが 2045 年としており，若い世代の人は生きているうちにシン
ギュラリティを目の当たりにすることができるという，非常にショッ
キングな結論に至る．

　本書はシンギュラリティの考え方とそれに至る技術の進化を網羅的
かつ統合的に述べている．コンピュータ技術が，ゲノム (G)，ナノ
(N)，ロボット (R) の 3 つの技術の進展とともに，密接に絡まりあい
ながら進展していくという今後のステップが，以下の 8 つの章から構
成的に示されている．

・第 1 章「六つのエポック」では，
　　過去から未来にわたる科学技術の進展を 6 つのエポックとして述
　べたものであり，将来のエポックが起こるのは非常に近いことが主
　張されている．
・第 2 章「テクノロジーの進化の理論—収穫加速の法則」では，
　　テクノロジーの急激な進化の予想を支える理論である「収穫加速
　の法則」が展開される．過去の科学技術の進化の歴史を示しなが
　ら，その進化がいかに加速しているかを示している．
・第 3 章「人間の脳のコンピューティング能力を実現する」および第
　4 章「人間の知能のソフトウェアを実現する—人間の脳のリバース
　エンジニアリング」では，
　　コンピュータが今後どのように発展し，人間の知能のソフトウェ
　アがどのように実現されていくかが示されている．
・第 5 章「GNR—同時進行する 3 つの革命」では，
　　さらに広範にわたる科学技術の発展，すなわち GNR のそれぞれ
　の発展が述べられる．これらの発展の仕方については，他文献に比
　べてはるかにたくましい妄想が展開されているが，詳細はここでは
　内緒にしておく．
・第 6 章「衝撃……」では
　　GNR の発展後にそれらが互いに絡み合いながら引き起こされる
　多様な衝撃について述べられる．人々がいかにサイボーグになって
　いくかという話が，具体的な技術発展が次々と示されながら述べら

れる．さらに，妄想は途方もない方向に広がっていく……．

・第7章「わたしはシンギュラリタリアン（特異点論者）だ」では
Kurzweil がどのようにしてシンギュラリティの考察に至ったの
か，シンギュラリティについてどのように感じ，どのようにかか
わってきたのか，さらには人間の意識というものをどのように捉え
ているかなどの，シンギュラリティに関わるさまざまな論点につい
て述べられている．

・第8章「GNR の密接にもつれ合った期待と危険」では，
シンギュラリティに対する期待と危険について論じており，危険
に対するさまざまな対策，具体的な計画が述べられている．締めく
くりとして，シンギュラリティに対するさまざまな批判とその反論
が示されている．

本書はとにかく列挙が多い．膨大な項目が次々と列挙されているの
で，読むうえでは一つ一つをきちんと理解するのに時間がかかるう
え，600ページ以上にも及ぶ膨大な書籍であり，全部を理解すること
も困難である．しかも一つ一つの項目は非常に重要で独自性が高い．
全部を読み終えるとおそらくほとんどの人は，多くの技術と想像が本
書の中で非常に綿密に構成されていることを知り，全体としてシン
ギュラリティの必然性が，（知識の浅い人からの）反論の余地をほと
んど残さないように示されていることに驚くのではないだろうか．

シンギュラリティの考え方は最近徐々にポピュラーになってきた
が，まだまだ断片的にしか知らない人も多いのではないかと思う．ま
た，断片的な知識をもとに否定的に感じる，あるいは強く否定する人
が多いようである．本書はシンギュラリティに関する最近のバイブル
ともいえる書籍であり，ここまでで述べたようにシンギュラリティに
関するあらゆる事項が網羅的かつ整理して述べられているので，少な
くともシンギュラリティについて語るときには本書を読んでおくこと
が必須であろう．「シンギュラリティを否定する人は私の知る限り
100%無知であり，Kurzweil をちゃんと理解していない」という専門
家がいるが，それには納得できるところがある．

『情報処理』の今月 (vol. 56 No. 1) の特集では「シンギュラリティ」

がテーマとなっており，多くの読者がそれに興味を持たれたのではないかと思う．特集の中では本書の内容を熟知した専門家による議論がなされているが，そのベースとなる膨大な Kurzweil の妄想はほんの一部しか述べられていない．シンギュラリティについてもっと詳しく知りたいという方は，ぜひ本書をじっくり読んでいただきたい．それはまた，人類および情報技術の今後を深刻に捉えるものでもあるはずである．

To Mock a Mockingbird
And Other Logic Puzzles :
Including an Amazing Adventure to Combinatory Logic

松田一孝（東京大学）

Raymond M. Smullyan 著
Oxford University Press, 2000, 256p., ISBN：978-0192801425

本書は論理パズルの本である．本書は論理パズルの本としても質が高く面白いのだが，この場であえて紹介する理由は，本書が計算モデルの1つ，「結合子論理 (Combinatory Logic)」[☆1] に基づく論理パズルを扱っているからである．つまり，本書では，パズルを解くことで結合子論理を楽しく学べるのである．本書は，特に以下のような方にオススメできるだろう．

・論理パズルが好きな方
・理論計算機科学分野に興味のある方
・かな漢字変換システム SKK ユーザ[☆2]

◆ お馴染の正直者と嘘つきのパズル

本書の約3分の1（1〜8章）はいわゆる「論理パズル」から構成されている．この前半部分において，多く扱われているパズルは，正直者（いつでも本当のことを言う）と嘘つき（いつでも嘘を言う，もちろん正直者と見分けがつかない）から，求める情報を得るものである．

しかしながら，本書の正直者と嘘つきのパズルはバリエーションに富んでいる．たとえば，4章では，「accurate」と「inaccurate」いう概念が登場する．ここで inaccurate な者は，真であることを偽だと，

[☆1] 組合せ回路 (Combinational Logic) ではない．
[☆2] SKK の名前は，結合子論理における等式 $SKK = I$ に由来する (http://openlab.jp/skk/SKK.html)．なお，本稿は SKK を利用して作成された．

そして偽であることを真だと認識している．なので，inaccurate な嘘つきにたとえば「1 + 1 は 2 ですか？」と聞くと，彼は「1 + 1 は 2 でない」と認識しており嘘をつくので「はい」と答える．また，5 章以降はストーリー仕立てになっており，退屈させない．5〜8 章も章ごとにバリエーションが異なっており，中でも 8 章はメタパズルとなっている．この章では，たとえば「正直者か嘘つきかわからない人物の A という主張から B ということが確信できた．では A はどのような主張か」といったパズルが出題される．

◆ 述語論理に基づく論理パズル

一般に「論理パズル」というと命題論理に基づくものが主であろう．本書の 1〜8 章のうち 3 章以外はそうである．3 章では述語論理に基づく論理パズルが扱われている．より具体的には，床屋のパラドックス—「ある床屋は，自分で髭をそらないすべての人の髭を剃り，それ以外の人の髭は剃らない」ことが矛盾を導くこと—にちなんだパズルが出題されている．読者の中には大学時代に ε-δ 論法における「すべての ε に対し，ある δ が存在して……」という議論に苦労した方も多いのではないだろうか（少なくとも私はそうだった）．パズルを通して，述語論理に触れてみるのもよいかもしれない．

◆ パズルで学ぼう結合子論理

本書のメインとなるのは，後半部分（9〜25 章）の結合子論理に基づく論理パズルである．本書は，結合子論理の各結合子を「鳥」[3]として紹介している．

いくつかの「鳥」を紹介したいので，本書の言葉を借りて鳥について説明しよう．森には鳥がいて，鳥 A に鳥 B の名前を呼び掛けると A は，ある鳥の名前を返答する．この名前の鳥を AB で表す．ここで，(AB)C と書いて「『A の B に対する返答』の C に対する返答」を

☆3　本書によると，このことは，結合子論理に大きく貢献した論理学者 Haskell Curry がバードウォッチング好きであったことに由来する．余談であるが，プログラミング言語 Haskell は彼の名に由来する．なお，Curry というプログラミング言語も存在し，こちらも彼の名に由来する．

表し，$A(BC)$ と書いて「A の『B の C に対する返答』に対する返答」を表すこととしよう．簡単のために $(AB)C$ を ABC と書くことにする．「情報処理」の読者にとっては，「鳥」をプログラム（の挙動）だと思ったほうがわかりやすいかもしれない．すなわち，AB は B を入力とし A を実行した返り値（それもまたプログラムである）と読む．

本書のパズルは，主に「……という鳥がいる森には〜という鳥もいることを示せ」という形式である．たとえば，あるパズルでは，「mockingbird（$Mx = xx$ を満たす鳥 M）と bluebird（$Bxyz = x(yz)$ を満たす鳥 B）がいる森には，任意の鳥 A に対し，$Ax = x$ を満たす鳥 x がいる」ことを示すことが要求される（11 章の第 2 問）．

本書に登場する鳥の中で我々にとって興味深いのは，sage bird であろう．この sage bird Θ は $\Theta x = x(\Theta x)$ を満たす鳥で，Y 結合子や不動点結合子と呼ばれ，再帰関数と関連が深い．具体的には Θ を用いると，再帰的定義を用いずとも再帰関数と同等の処理を実現できることが知られている．きっと「Y Combinator」と好きなプログラミング言語名を一緒に検索するといろいろと例が見つかることだろう．ここで，Θ の定義が再帰的だと思われるかもしれないが，mockingbird と bluebird そして，cardinal（$Cxyz = xzy$ を満たす鳥 C）のみから sage bird は定義できる（13 章の第 2 問）．

また，starling（$Sxyz = xz(yz)$ を満たす鳥 S）と kestrel（$Kxy = x$ を満たす鳥 K）も興味深い．驚くべきことに，この 2 つの鳥がいれば，すべての計算が表現できるのである！ すなわち，starling や kestrel がいる森は Turing 完全なのだ．本書の，23 章では実際にブール値，24 章では自然数の計算を行う鳥についてのパズルが含まれている．

ここではあまり触れないが，17 章や 25 章のパズルは Gödel の不完全性定理と関係が深い．これらの章は，数理論理学に興味のある人には特に楽しめることだろう．

◆ プログラムとして書いて遊ぼう！

結合子論理は簡単だが強力な（関数型）プログラミング言語でもある．本書の別の楽しみ方は，プログラムとして結合子を実現し，実行

して動作を確かめることである．好きなプログラミング言語で S と K を実装し，実際にそれだけでさまざまな計算ができるかどうかを確かめてみるのも面白いだろう．特に関数オブジェクトや高階関数のある型なしの言語なら鳥をそのまま関数として実現できる．ただし，多くの言語では，sage bird の代わりに $\Theta' xy = x(\Theta' x)y$ となる Θ' を用いなければならないだろう．Lazy K というプログラミング言語は実際に S と K を用いてプログラムを書くことができる（というより S と K しか使えない）．こうした言語を触ってみるのもまた一興か．また，普通のプログラミング言語で書いたプログラムから，S と K のみからなるプログラムを出力するコンパイラを書くのも面白いかもしれない．

　パズルとして面白い．プログラムとして動かしてみてさらに面白い．こうしたさまざまな楽しみ方のできる本書を私はオススメしたい．

17 ビブリオ・トーク

谷　幹也（日本電気㈱）

未来の二つの顔

ジェイムズ・P・ホーガン 著，山高　昭（訳），（加藤直之 装画），
㈱東京創元社，1983, 512p., ISBN:978-4-488-66305-6

◆ 忘れられない本

　大学のときに読んだ本書が忘れられない．

　大学時代，理論研究者として能力をいかに磨いても，社会にある権力・権威には所詮抵抗できないのではないか？　と無力感を感じていた頃にこの本に出会った．実際には，同著者の『創世記機械』を読んだ後に読んだものではあるが，理論研究によって世界をポジティブに変革していくことができるという明るいメッセージは，その頃の私に研究へ再度取り組む力を湧き立たせてくれた．

　著者の James Patrick Hogan は，ハード SF の巨匠と呼ばれ，緻密に設計された世界観，主人公が進める論理的な課題解決の思考過程，論理的に納得のいくどんでん返しが非常に魅力的だと思う．特に最初の2つの特徴は，1970 年代に DEC の研究所やセールス部門で活動していたことで，科学的な思考に慣れ親しんでいたからと考えられる．2010 年 7 月 12 日に訃報が流れたとき，ネット上で悲鳴に似た哀悼のメッセージが多数流れた．

　Hogan の著書の中でも，本書はまさに実在し得る近未来を対象としており，実在しそうな科学者，特に理論系の研究者を主人公に据えている．私が最初に読んだ Hogan の「創世記機械」は，冷戦を前提としたストーリーであり，現在の若手研究員には感覚的に受け入れられないかもしれないが，本書はインターネットが発達し，機械学習，ディープラーニング真っ盛りの今の時代にまさにマッチしたテーマで

あり，シンギュラリティの問題に別の角度からアプローチした物語とも考えられる．

　本書の時代では，地球圏を覆っているコンピュータネットワーク（タイタン）に，自律的学習能力を持つ HESPER (Heuristic Self-Programming Extendable Routine) が組み込まれ，人間は作業計画の立案や道具の調達などすべてこのネットワークを通じてネットワークに依頼できる状態になっている．自律的学習能力は，制限された範囲内ではあるが最適な解を模索して提供する．物語は月面プラント上で，不要な岩山を除去する指示をしたところ，人間の想定を超えた最適化がなされ，岩山の土砂を取り除く土木機械のアサインではなく，宇宙空間に鉱物資源を送り出すマスドライバーでの爆撃を実行してしまうシーンから始まる．

　主人公で，HESPER に関する主任研究員であるダイアー博士は，これをきわめて論理的に指摘している．

　「どんな問題でも束縛条件がいっさいないならば解決は簡単．猫についた蚤を退治する1つの確実な方法は猫を焼却炉に放り込むことだ」

　こういったことを起こさないために，暗黙知を自律的に学ぶための研究 FISE (Functional Integrations using Simulated Environment) もダイアーは進めているが，上記の事件をきっかけにすべての研究がストップされそうになる．

　ただ，実際に HESPER の機能なしの生活に戻れないと考える人間は多く，ダイアー博士自身も FISE の導入によって解決したいが，過剰な自動学習の結果，生存本能に似た反応パタンを生じ，人類への敵対が起こったとき，人類はこれを制御可能かの検証なくしては，タイタンへの導入は難しいと悩んでいた．それを検証するためには，人間社会の一部を切り取った超シミュレータを実現すれば良いということに気づいたダイアーは宇宙コロニーを利用することを提案し，政府と軍によって大々的に検証が開始された．

　ここで検証を加速するために，当初より生存本能を組み込み，自己拡張のために物理的な影響を及ぼし得るドローンも整備した状態で実験は開始．あえて，機械を攻撃することにより，さらに実験を加速す

る．人間の想定を超えて，自己拡張していくコンピュータネットワークによって人間は圧倒され，反撃されていく．結末のネタ晴らしは，潜在的な読者に申し訳ないのでカットするが，これらの検証実験の設計の仕方，加速のためにあえて生存本能を実装してしまうやり方，また，その結果，機械が外向けに示す活動に関する人間の感じ方などをきわめて論理的に説明していく主人公の姿は爽快感がある．

　また，Hoganの著書の特徴として，論理の積み重ねによる最後のどんでん返しがある．本書の場合，どのような結末になっているのか？　ぜひ楽しんでいただければと思う．

　現在は，James Patrick Hoganの作品も電子書籍として読めるようになってきた．私としては，常に身近に置いておきたい1冊であり，情報系の若手の研究者には読んでいただきたい1冊だと思う．

18 ビブリオ・トーク

峰野博史（静岡大学）

未来へつなぐ デジタルシリーズ【29】
待ち行列理論の基礎と応用

川島幸之助 監修，塩田茂雄，河西憲一，豊泉 洋，会田雅樹 著，
共立出版㈱，2014，272p.，ISBN：978-4-320-12349-6

◆ カムバック待ち行列理論

　待ち行列理論に挫折したという皆様が再度チャレンジできる初学者向けの書籍が出版された．ハンバーガーショップやコーヒーショップ，看板方式やコールセンタといった具体的な事例を踏まえて，待ち行列理論の適用例まで紹介した本で，在学中に本書が出版されていればよかったのにと思う1冊である．

◆ 基礎から応用まで

　待ち行列理論は，顧客がサービスを受けるために行列に並ぶような事象を数理モデルを用いて解析しようとするもので，電話交換機や情報通信分野だけでなく，工場の生産ライン，空港や病院などの設計や性能評価までさまざまな応用例がある．もちろんすべての事象を適切にモデル化することは困難であるが，有限の資源が複数の利用者によって共有され，待ち行列が生じるような状況を確率モデルで抽象化して表現できるのは驚嘆である．

　待ち行列の研究は，1900年代初頭に電話網設計でデンマークの電話会社の設計技師であった A. K. Erlang が行った研究に始まる．1950年代前半には，待ち行列モデルを，客の到着過程，サービス時間分布，窓口の数，待ち室容量によって特徴づけるケンドールの記号が提唱され，病院や料金所での待ち行列など，電話交換以外でも数多くの重要な分析業務に利用された．

待ち行列理論を理解するためには，確率論に関する基礎的な知識が必要となるが，本書では式の展開を省略せず公式に至るまでの考え方や証明まで丁寧に記述してあり，大学学部レベルの初学者にも親切な本である．

〈基礎編（第1章〜第7章）〉

待ち行列理論の考え方や公式の導き方について，式の展開を省略せず初学者でも追えるよう配慮され，待ち行列システムに現れる定量的特性について以下の章構成で理論的に説明している．

　1. 待ち行列モデルの基礎概念
　2. 到着過程とサービス時間分布
　3. 出生死滅過程による待ち行列モデル
　4. 離散時間マルコフ連鎖による待ち行列モデル
　5. 準出生死滅過程による待ち行列モデル
　6. 待ち行列ネットワーク
　7. 非マルコフモデル

〈応用編（第8章〜第13章）〉

経営科学，サービスサイエンス，情報通信等の分野から，典型的な応用例を取り上げ，待ち行列理論の各種分野での使い方の一端や関連について，以下の具体例を示している．

　8. ハンバーガーショップとコーヒーショップの待ち行列モデル
　9. かんばん方式による在庫管理
　10. コールセンターのリソース設計
　11. 無線 LAN の性能評価
　12. インターネットにおける多重化
　13. インターネットのアクセス宛先発生パターン
　付録 A. 確率論の基礎
　付録 B. マルコフ連鎖
　付録 C. 点過程論

◆ 身近な事例で実践

普段の生活の中で身をもって体験する待ち行列，たとえば，ハンバーガーショップなどのファーストフード店のような，店内に複数の

カウンターがあって，最初に注文してから品物を受け取るまで同じ店員が担当するような場合，本書では，このような待ち行列システムをハンバーガーショップ型と命名し分析方法を事例紹介している．そのほかにも，コーヒーショップなどでよく見かける，注文を受ける店員と商品を出す店員が分業しているようなコーヒーショップ型の待ち行列システムの事例紹介もしている．混雑していなければどちらも待ち人数はあまり変わらないが，混雑してくるとフォーク並びのハンバーガーショップ型の方が効率的なことが論理的にわかる．

　普段の生活でも，待ち行列1つでカウンターの店員が複数いるような，いわゆるフォーク並びのサービス形態は効果的なシステムであると感じてはいたが，確率モデルに抽象化した待ち行列理論を用いれば，どのような待ち行列システムがどの程度効率的なのか定量的に分析できるというのは興味深いものである．しかも，制約条件の決め方しだいでは，コールセンターのリソース設計や無線 LAN の性能評価，インターネットの QoS (Quality of Service) といった複雑な事象についても，目的に応じた適切な抽象化によって分析できるということも，初めて知ったときには衝撃を受けた．

◆ 論理的思考能力の養成に

　本書は，実際に待ち行列理論を業務や研究に長年にわたって利活用されてきた著者らの豊富な経験と深い討論に基づいてまとめられたものである．現場を熟知された著者らの知識と経験に触れることで，読者の皆さんの視野が広がり，応用への高い展開力が身につくと感じる．

　大学の学びでは，複雑な事象を要領よく覚えたり暗記したりするのではなく，論理的思考力を身につけ，現実社会の困難な課題に打ち勝つ力を伸ばしてほしいと思う．待ち行列理論の考え方は，数学の理論を使って社会現象を表現する応用分野であり，現実社会との接点の中で，さまざまな手法を柔軟に駆使しながら複雑な現象をモデル化していくというアプローチをとる．数多くの情報や条件の中から何が重要なのか，どこまで抽象化できるかを見極めて，選び出す視点も求められ，そのために必要な論理的思考能力の養成に大いに役立つものと実感する．

三輪 忍（電気通信大学）

THINK LIKE ZUCK
マーク・ザッカーバーグの思考法

Ekaterina Walter 著，斎藤栄一郎（訳），
講談社，2014，272p，ISBN：978-4-06-218959-0

　この本は，Facebook の生みの親である Mark Zuckerberg を中心に，アップル社の前 CEO (Chief Executive Officer) だった故 Steve Jobs など，世界に変化をもたらす製品やサービスを生み出す組織を率いる人物に共通する思考法を分析した本です．この本では，彼らの過去の発言や行動から仕事に対する考え方を抽出し，世界に変革を起こす仕事をするために必要な要素としてわかりやすくまとめあげています．著者の Ekaterina Walter は，私はこの本を読むまで知らなかったのですが，経営やマーケティングのオピニオンリーダーとして今アメリカで注目を集めている人物だそうです．

　世界を変える仕事をするために必要な要素はいろいろありますが，著者の考えでは，「情熱 (Passion)」「目的 (Purpose)」「人材 (People)」「製品 (Product)」「協力 (Partnerships)」の5つの「P」がすべての基本になるそうです．以下では，この5つの要素に関する記述を簡単に紹介します．

◆ 情熱 (Passion)

　どんな仕事を行う場合でも，まずは自分が情熱を燃やせるかどうかが重要です．情熱は仕事に対するモチベーションとなります．Zuckerberg の場合は，幼少の頃からプログラミングが大好きで，さまざまなソフトウェアを自作していました．そうする中で，やがてコミュニケーションツールの開発に強い関心を持つようになり，「少しでも良いツールを提供したい」という熱い思いが Facebook の開発へとつ

ながりました.

◆ 目的 (Purpose)

仕事に対する情熱が自分の中に湧き上がってきたら，仕事に対する長期的なビジョンが生まれてきます．Zuckerberg が最初に Facebook を開発したのはハーバード大学に在籍していたときのことですが，その際にハーバードの友人たちと行った熱い議論の結果，「もっとオープンで深いつながりが持てる世界を実現する」という Facebook の社会的使命は誕生しました．この使命は Facebook 社の経営理念として掲げられており，今でも変わっていません．

◆ 人材 (People)

優れた仕事を行うためには最高のチーム作りが欠かせません．ここで最高のチーム作りとは，単に質が高い人材を集めればよいというのではなく，社風に合った優秀な人材を集めることです．Facebook 社には，「ハッカー魂」と呼ばれる，改善と試行を短いサイクルで繰り返すことでより良い製品を生み出す，という社風があります．社風に合った優秀な人材を集め，彼らの管理を極力やめた上で全面的に信頼して権限を与えてやれば，素晴らしいアイディアが自然と生まれるチームになります．

◆ 製品 (Product)

情熱，目的，そして人材（協力）が揃うことで，優れた製品が生み出されます．Facebook 社には上述の「ハッカー魂」，つまり，完璧ではなくてもよいのでとにかくどこよりも早く製品をリリースする，そしてユーザの反応を見ながら製品に次々に改良を加えていく，という文化があります．写真を複数枚アップロードする機能，写真をユーザ間で共有する機能，写真内の人物にタグ付けする機能など，Facebook には新しい機能が次々と加えられていきました．特に，競合他社に先駆けて 2006 年に行われた Facebook API (Application Programming Interface) の公開は，SNS (Social Networking Service) 界における Facebook の地位を盤石のものとしました．

◆ 協力 (Partnerships)

　大きな仕事は 1 人でできるものではなく，他者と連携して進めていく必要があります．その際に重要なことは，価値観を深く共有できる，自分にはないスキルを持った人をパートナーとして選ぶことです．Facebook 社は，Sheryl Sandberg という優れた会社経営の実務家を COO (Chief Operating Officer) に迎えたことで，20 倍以上も売り上げを伸ばすことに成功しました．また，Sandberg に経営面を任せたことで，Zuckerberg は自身が得意とする製品開発に注力できるようになり，組織には好循環が生まれています．

　いかがでしたか？ 5 つの要素は，いずれも言われてみれば当たり前のことですが，これらすべてが揃った組織はなかなかお目にかかれません．
　『情報処理』の読者には，研究室やプロジェクトチームなどの組織を率いる立場におられる方も多いと思います．「最近，組織がうまく回ってないな……」と感じていらっしゃるようでしたら，この本を読んでみてはいかがでしょうか？　改善のためのヒントが得られるかもしれませんよ．

西澤　格（㈱日立製作所）

Database Systems : The Complete Book

Hector Garcia-Molina, Jeffrey D. Ullman and Jennifer Widom 著
Pearson Education Limited（印刷版：2008, Kindle 版：2013），
1152p., ISBN:9781292024479
［US 原書］ ISBN:9780131873254　出版元：ピアソン

◆ 紹介する本

　今回紹介するのは，Hector Garcia-Molina, Jeffrey D. Ullman and Jennifer Widom による *Database Systems: The Complete Book* である．私の手元にある紙の本は，2001 年の Prentice Hall 版であるが，Complete と銘打っているだけあって，データベースシステムおよびデータ処理の関連トピックを網羅的にカバーしており，1,000 ページを超えている．

　この Prentice Hall 版は，私が 2002 年に Stanford 大学に滞在していた際に，受け入れ元の Jennifer Widom 教授にサインを入れていただいた思い出のある本なのだが，現在では入手が難しいようである．そのため，今回のビブリオ・トーク執筆に伴い，新版（といっても少々古いが……）を購入し，再度目を通した．新版は新しいトピックをカバーするいくつかの章が追加され，さらにボリュームアップしている．

◆ 著者の紹介と本書の位置づけ

　本書の著者らは，Stanford 大学の計算機科学科の教授であるとともに，データ管理系の研究者としてインパクトのある論文を多数発表されている．研究室運営に加えて，学生の指導，企業との連携で非常に多忙な中，この内容とボリュームの本を書きあげていく生産性に驚

かされる．特に Ullman 教授は，データベース以外にもコンパイラ，
計算理論などの名著を多数執筆されている．

　本書は，教授らのデータ管理系の授業の講義内容をベースとして執
筆されている．当時の講義は教授らの用意したスライド，板書をベー
スに進められ，直接この本を参照していたわけではないが，本書はそ
の内容から，教科書と呼ぶのが適切と感じる．Ullman 教授の Web
ページ（2015 年 1 月 31 日 現 在 の URL は http://infolab.stanford.
edu/~ullman/dscb.html）には本書に関する補助資料として，講義で
のプロジェクト紹介，本書の練習問題の回答，講義で使用されたスラ
イドがまとめられている．

◆ 本書の内容紹介

　データベースシステム，特に関係データベースシステムは，1960
年代から積み上げられた理論に裏打ちされた，最も高度かつ実用的な
ソフトウェアの1つである．本書は，データベースシステムの理論，
実装，関連トピックの非常に広い範囲をカバーしており，大きく 5 部
23 章からなる．

　まず第1部では関係データベースシステムの基礎となる関係モデル
の基礎，関係演算，関係データベースの設計理論が説明される．続く
第2部では，関係モデルに対する抽象プログラミング言語として，関
係代数と関係論理が，そしてデータベースシステムのデファクトの問
合せ言語である SQL が詳細に説明される．第3部では，半構造デー
タモデル，その1つの実装としての XML，および XML のためのプ
ログラミング言語として XPath, XQuery が紹介される．そして第4
部では，データベースシステムの実装に関する数多くのトピックが説
明される．最後に第5部では情報統合，および検索エンジン，スト
リームデータ処理などの関連トピックが紹介される．

　今回は，この中から第2部の5章で説明される Datalog と，第4部
のデータベースシステムの実装の2つを紹介する．

◆ Datalog

　ここでは厳密な定義は紹介しないが，第2部の5章で紹介されてい

る Datalog は，if-then ルールで構成される宣言的な問合せ記述言語（どうやって処理するかでなく，処理で得られる結果の条件を書く言語）である．たとえばスキーマが Movies (title, year, length, genre) として定義される Movies データベースから，100 分以上の上映時間の映画のタイトルと公開年を抽出する LongMovie (t, y) は，以下のように定義される．

LongMovie (t, y) ←
　Movies (t, y, l, g) AND l>=100

ルールは矢印の後が満足されると，矢印の前が成り立つと読む．すなわち，if が矢印の後，then が矢印の前になる．私は，演繹データベースを勉強した際に Datalog に触れ，（少し表現がおかしいかもしれないが）データとルールが統合された非常に美しいモデルに感銘を受けた．

本書では Datalog は，SQL では複雑になる再帰クエリをとてもシンプルに書くことができると控えめに紹介されており，ほかには 21 章の情報統合のルールの記述への適用例が紹介されているにとどまっている．現在では，ネットワークの記述やプログラム解析への適用例も報告されているので，興味をお持ちいただけたならぜひ読んでみていただきたい．

◆ データベースシステムの実装

本書では，第 4 部のデータベースシステムの実装が 450 ページ超と最もボリュームが大きい．ここでは，二次記憶管理，インデックス構造，クエリ実行機構，バッファ管理，クエリコンパイラ，トランザクション処理機構が説明される．ここを読めばシンプルなデータベース管理システム（以下，DBMS）が開発できる程度の記述レベルである．

Stanford 滞在中に，第 4 部でカバーされている Widom 教授の講義を聴講する機会を得た．講義では，各学生が 3 カ月の間に DBMS を実装する．ある日の講義でインデックス機構が説明されたら，その週の課題はインデックス機構の実装となり，それぞれの学生は提出期限までにコードをシステムに登録する．そして登録されたソースコードを TA（ティーチングアシスタント）がテストし，実装が評価され

る．そしてDBMS全体を実装した後，それぞれが実装したDBMSでベンチマークを実行する．それぞれの課題に加えて，ベンチマークの優勝者には高い評価が与えられていた．

学生一人一人が短い期間でDBMSを実装していくのを目の当たりにして，当時非常に驚き，かつその効率的な教育システムに衝撃を受けたことを思い出す．データベースシステムの実装について書かれた本は少なく，本パートだけをとっても本書を読む価値は高いと考える．

◆オススメの読み方

本書は1,100ページを超え，かつ翻訳は出ていない．英語は平易かつ例も多いため比較的読みやすいが，くまなく全部を読もうとすると途中でめげてしまう恐れがある．そこで私は，まず目次を見て自分の興味を持った章，もしくは研究や業務に関連する章をざっと読み，さらに深く学びたい場合には，元論文にあたるリファレンス的な読み方をお勧めしたい．

濱崎雅弘(産業技術総合研究所)

Webの創成
―World Wide Webは
いかにして生まれどこに向かうのか―

ティム・バーナーズ・リー 著,高橋 徹(監訳),
ISBN-10:4-8399-0287-9
毎日コミュニケーションズ(現マイナビ),2001,279p.,
※絶版のため,現在は販売を終了しています.

「私たちの任務は,手持ちのアイデアのうち最善のものを用いて,慎重にかつ漸進的に一つの社会を作り上げていくことであり,また,これが最も面白い仕事でもあると私は思っている」

これは本書の著者であり,World Wide Webの生みの親である,Tim B. Leeの言葉である.私たちにとってなくてはならないもの,というか,もはや「ない」という状況が想像できないほどに日々の生活に深く根付いた社会インフラとなっているWebであるが,その起こりは1人のエンジニアの「こんなものがあったら良いのに」という素朴なアイディアであった.本書はこのWebがどのようにして生まれ,どのようにして今ある状態まで発展したのか,さらにはこの先どこへ向かうのかを,生みの親自身が語ったものである.

本書を読んでまず思うのは,「大変だったのだなぁ」ということである.見ようによってはエンジニアの恨み節のようにも見える.自分が思いついた素晴らしいアイディアが,自分にはありありと見えるこのアイディアが切り拓く未来が,どれだけプレゼンテーションしても理解してもらえない,わかってもらえない,という苦労.プロジェクトを立ち上げようにも予算がない.予算を求めると書類を出せと言われる.しかし企画書や論文を書いても通らない.なんとも鬱々とした話である.ここで会社を飛び出して起業して大成功,となれば昨今の数あるベンチャー創業者の立志伝のような爽快な読み物になるだろうが,あいにくこの本はそのようにはなっていない.ただただコツコツ

と，仲間を増やし，プロトタイプを改良し，慎重に漸進的にプロジェクトを進める Tim の姿が描かれている．なんとも地味な本であるしかしこの地道な積み重ねでできあがった World Wide Web だからこそ，ドッグイヤーと呼ばれる情報技術分野において，変わることのない（もちろん Web 自体はさまざまなバージョンアップが行われているわけであるが）基盤として存在し続けているのであろう．

　本書の内容は大きく 3 つに分けることができる．2 章から 4 章までが，まさに Web が生まれる過程を記している．幼い頃に好きだった百科事典の読書体験，学生時代に脳のネットワークについて父親と議論した体験，技術コンサルタントとして携わった CERN（欧州原子核研究機構）で情報共有システムを作った体験．これらの体験を通して，徐々に Tim の頭の中に World Wide Web の青写真ができあがっていく．そしてハイパーテキストとインターネットという先人たちの偉大なる産物に Tim が遭遇することで，その青写真は現実のものとなっていく．

　5 章から 11 章には，Web がインターネットの 1 つのアプリケーションから，社会インフラへと変わっていく過程が書かれている．2000 年以降，Google や Twitter，Facebook など，こちらも社会インフラと呼んで差し支えないような巨大な Web サービスをベンチャー企業が作り出し，創業者が巨万の富を得るといったシンデレラストーリーがよく聞かれる．Web を生み出した Tim も起業という選択肢は考えていたようである．しかし Tim はそれを選ばず，Web 技術の一切をパブリック・ドメインにし，コンソーシアムを立ち上げるという選択をした．実はこれもそれほどドラマチックな話ではないのだが，Web の実現に向けて真摯に向き合ったからこその選択であった．仲間が増え，ステークホルダが増え，Tim の Web からみんなの Web へと変わりつつある過程において，現在へと続く「あるべき Web の姿」とは何かが徐々に明らかになっていく．

　12 章「Mind to Mind」から 13 章「Machines and the Web」，そして最終章の「Weaving the Web」では，Tim の考える Web の未来が描かれている．未来といっても絵空事を書いているわけではない．といって，本書が執筆されたのは 1999 年であるが，古色蒼然とした

話が書かれているわけでもない．大きなビジョンを示しながらもやることをしっかりと書いた，言うなれば研究計画書のような内容である．たとえば本書で出てくる Social Machine という言葉は，まだ一般的に耳にするキーワードにはなっていないが，2013 年より「Theory and Practice of Social Machines」という国際ワークショップが開催されており，その概念の実現化に向けたさなかにあることがわかる．今年（2015 年）も Web に関する世界最大の国際会議 World Wide Web Conference の併設ワークショップとして開催されるようである[☆1]．ほかにも，現在注目されている Linked Open Data (LOD) は，本書に書かれている Semantic Web の現時点での姿と解釈できる．本書で述べられた「理想的な姿」と，LOD が示す「現実的な姿」を比べると，何ができて何が難しかったのかが浮かび上がってくる．

　本書は Web の過去・現在・未来を生みの親が語ることによって，Web の本質とは何かを示す貴重な書である．本書に記された Web を作り出す過程における議論や施策を通して，Web にとって重要なものが何であるかが見えてくる．たとえば電子書籍コミュニティとの議論において，一見すると共通点の多い電子書籍と Web であるが，書籍が持つ「一貫性」という概念が Web には決定的にそぐわないことに気づかされたと書かれている．また，「Web は技術的な創造物というよりは社会的な創造物である（本書 p.156 より）」と述べ，インターネットアプリケーションとしての Web だけでなく，社会インフラとしての Web がどのように設計され，どこを目指すかが示されている．情報技術分野において Web の存在を無視できることはほぼないことを考えれば，情報系に携わる技術者・研究者にとって必読の書であると言える．

　情報系技術者・研究者必読の書，とは言ってみたものの，本書はそれに限らず広く読んでいただきたい本である．なんだかんだ述べてきたが，本書を読んで一番感じたのは，運良く巡り会えたアイディアと真摯に向き合うことの大切さと，それによって成し遂げられることの大きさ，そしてなによりそれを為すプロセスの楽しさ，である．『情

☆1　http://sociam.org/socm2015/

報処理』の読者であれば誰もが，ずっと思い描き続けているアイディアの1つや2つが心の中にあるのではないだろうか．本書はそのアイディアを具現化するための長い道のりの一歩を踏み出すことを力強く後押ししてくれる．

　実は本書は絶版となっている（日本語訳のみ．原著のペーパーバック版は現在も出版中）．このような素晴らしい本が絶版であることは大変惜しまれる．図書館や古本屋で入手することは難しくないと思われるのでぜひ手にとってもらいたい．そして出版社にはぜひ再版を検討していただきたいと願うばかりである[☆2]．

[☆2] 投票が集まった絶版本の復刊依頼をする「復刊ドットコム」で，本書の復刊リクエストを受付中のようです．本稿を読んで興味が出た方はぜひ投票をご検討ください．http://www.fukkan.com/fk/VoteDetail?no=58923

22 ビブリオ・トーク

河口信夫（名古屋大学）

キャズム Ver.2 [増補改訂版]
新商品をブレイクさせる「超」マーケティング理論

Geoffrey A. Moore 著，川又政治（訳），
㈱翔泳社，2014，360p.，ISBN：978-4-798-13779-7

◆ 研究者・技術者にマーケティングは必要か？

　この本は「超」マーケティング理論と銘打たれており，タイトルや帯を見ただけでは，我々のような研究者・技術者には関係ない本である，と思う人もいるかもしれない．帯には「3Dプリンター，スマートフォン，クラウドコンピューティングはどうやってキャズムを超えたのか？」というキャッチが書かれている．私も「すべて最新事例」「ハイテクの落とし穴」といったキャッチに惹かれて，ネット広告をクリックした．

　読後感としては，ずばり「これをもっと早く知っておくべきだった」である．確かに330ページを超える大著であるし，一部は研究者・技術者にとっては冗長な部分もある．ただ，最新事例は豊富であるし，私にとっては学ぶことが多かった．今では，研究者や技術者にとってマーケティングの知識やセンスは不要か，と聞かれれば，そうではないと断言できる．最近の就職の際には，プレゼンテーション能力やコミュニケーション能力が重要視されているが，実はマーケティング的なセンスが最も重要ではないか，と思うようにもなりつつある．マーケティングというと，単なる「販売促進」で，お金儲けとか，上手な広告を作るような印象を持つ人もいるかもしれない．しかし，この本を読むと「マーケティング」が技術を世の中に広げるために，重要な役割を果たすことがよくわかる．Wikipediaによると，マーケティングとは「顧客が真に求める商品やサービスを作り，その

情報を届け，顧客がその商品を効果的に得られるようにする活動」と
ある．単なる「販売促進」ではないし，「顧客」を「社会」と置き換
えれば，研究者が行っている活動そのものとも言えよう．

　以下では本書の内容を簡単に紹介しながら，研究者・技術者にとっ
てマーケティングが必要な理由を説明していきたい．

◆ 「キャズム (Chasm)」とは何か

　キャズムとは，本書の著者，Geoffrey A. Moore が名づけたハイテ
ク・マーケティングにおける「溝」である．著者は，ハイテク・マー
ケティングの市場を，お椀を伏せたような形のベル・カーブを用いて
5段階で説明している．まず，新製品やサービスに飛びつく (1) イノ
ベーター（ハイテクオタク）によって市場が立ち上がる．次に，その
製品やサービスによって新しい世界を構想できる (2) アーリー・アダ
プター（「ビジョン先行」派）によって市場が広がる．さらに，製
品・サービスが成長し，品質的にも価格的にも成熟すると (3) アー
リー・マジョリティ（「価格と品質重視」派）によって，市場が急拡
大する．市場が十分に立ち上がると，やっと (4) レイト・マジョリ
ティ（「みんな使ってるから」派）が製品を買い始める．(5) ラガード
（ハイテク嫌い）は，最後の最後まで購入に抵抗する．この5段階の
市場と，そこに登場する主要なカスタマーの違いを学ぶことが本書の
重要なテーマでもある．そして (2) と (3) の間には，市場（カスタ
マー）の性質が大きく異なるため，深い溝が存在している．これを，
Moore は「キャズム（溝）」と呼んでいる．多くのハイテク技術は，
このキャズムを超えられずに消えていくらしい．本書では，キャズム
を超えた例として，アップル (iPad)，セールスフォース・ドットコ
ム，VMWare，アルバネットワークスなどを挙げており，超えてい
ない例として，セグウェイ，イリジウム，3D テレビ，ウェアラブル
端末，などを挙げている．本書では，最初の3章まではキャズムを豊
富な事例から説明し，4章からはハイテク企業がキャズムを超えるた
めに経営者やマーケティング担当者がとるべき戦略を説明している．

◆ なぜ，この本は読まれ続けているのか

　本書の初版は 1991 年に発刊されており，2013 年に発刊された第 3 版まで含めると，今までに累計 60 万部売れている．ハイテク・マーケティングというニッチな分野にもかかわらず，これだけ読まれ続けているのは，やはりこの本に多くの本質が書かれているからであろう．著者でさえ，本書がこれほど長い期間にわたって読まれるとは思っていなかったらしい．また，著者は，ハイテク企業に関わるすべての人を対象にこの本を書いたと言っている．キャズムを超えるためには，ベンチャー企業の経営者だけでなく，従業員も含めた皆の協力が必要で，皆がキャズムについて知り，その超え方を理解しているべきと言うのだ．私は，これらの人々に加えて情報処理技術の研究者・技術者にとっても本書は有用だと考えている．研究そのものにキャズムが存在するわけではないが，研究成果を広める際には，同じことが起こると考えている．逆に言えば，キャズムを超えられない成果も存在し得るであろう．私としては，キャズムを超えられる成果，すなわち，社会で利用されるような成果を出していきたいと思うし，そのために本書は参考になると考えている．

　なお，本書は発刊されたばかりで事例が新しく，今が読みごろである．事例が古くなると，本書が伝えようとしていることがわかりにくくなる．たとえば，1991 年の第 1 版では，キャズムを超えた例としてアップル，タンデム，オラクル，サン・マイクロシステムズが挙げられているが，タンデム，サン・マイクロは，すでに他社に買収されてしまっている．同様に 1999 年に発刊された第 2 版ではパームパイロット，シリコングラフィックスなどが挙げられているが，パームはすでに存在しないし，シリコングラフィックスも，倒産を経て当時から姿を大きく変えている．キャズムを超えたからといって，その企業がいつまでも生き残っている保障はない，というのもハイテク分野ならではのスピード感であろう．

◆ 研究者にとってのマーケティングとは

　最後に，研究者にとってのマーケティングについて改めて考えてみ

たい．検討すべき方向性は2つあり，(A) どんな研究テーマに取り組むか，(B) 得られた技術をどうやって広げるか，であろう．(A) については，マーケティング的には，どんな市場をターゲットにするか，と言い換えられる．研究分野は新しく作られる場合もあり，その場合は，自分がマーケット・リーダーとなり得る．本書では，初期市場においてマーケット・リーダーとなることの重要性を述べている．キャズムを超えるためには，ニッチ市場を制覇する必要があるのだ．研究分野を制覇する，という言い方はおかしいが，ある分野で研究者として認知されることの重要性は誰もが知っていると思う．つまり，認知されやすい分野を狙う，というのは1つの戦略であろう．(B) については，製品マーケティングに近い考え方が必要である．技術の利用者としてのターゲット・カスタマーの想定が必要であり，これもキャズム理論に従えば，まずニッチ市場を制覇してカスタマーの信頼を勝ち得た後，メイン・ストリーム市場へと進む際には異なるカスタマー戦略をとる．研究者は，自分の技術に自信がある場合，カスタマーの事情に合わせて戦略を変えるといったことはしないが，それを行うべき，というのがキャズムの教えである．また，本書で特に私がナルホド，と思ったのは，ホールプロダクトという考え方である．ハイテク製品は，それ単体だけでは，メイン・ストリームの市場では売れず，周辺のプロダクトがそろって初めて売れるようになるという．これは，アーリー・マジョリティからの信頼を勝ち取るために必要なハードルである．研究においても，コア技術だけでなく，周辺技術がそろって初めて広がる，というように考えられると思う．

　このように本書を通じて，研究においてもマーケティング的な考え方が重要である，ということを私は学んだ．読者の皆さんもぜひ本書の考え方を学び，キャズムを超えるような研究成果や技術，製品を生み出していただきたい．

23 ビブリオ・トーク

田村 大（㈱リ・パブリック）

プランと状況的行為
―人間 - 機械コミュニケーションの可能性―

ルーシー・A・サッチマン 著, 佐伯 胖（監訳），
上野直樹, 水川喜文, 鈴木栄幸（訳）
産業図書㈱, 1999, 218p., ISBN:978-4-7828-0126-0

　情報学を志すきっかけになった本を1つ挙げろ，と言われたら，間違いなくこの本だと思う．学部では認知心理学を学んでいたこともあって，大学院進学当初，本書が「人間 - 機械インタラクションに関するまったく新しい理論を説いた著作」という評判を聞きつけて，怖いもの見たさで手に取った記憶がある．実際，「怖いもの」という比喩は比喩ではなく，とにかく難解．Suchman が提案する理論そのものは斬新だがシンプルで，それを掴むこと自体はさほど難しくない．ただ，この理論の背景にあるエスノメソドロジーやマイクロ・エスノグラフィといった，社会科学の蓄積をしっかりと踏まえた学術書であるため，その展開に追いつけずに苦しんだ．学部のころにしっかり社会科学の勉強をしておけばよかった，と自分の不真面目さを呪ったものだ．

　さて，肝心の中身について．本書をワンフレーズで要約すれば，「私たちは一見，あらかじめプランを持っていて，そのプランに従って行為しているように考えるが，実際のところ，プランは，本来的にアドホックである行為に対して補完的なリソースでしかない」という主張だ．私たちの行為は避けがたく状況に埋め込まれていて，その状況は常に私たちのまわりで変化を続けており予測不能であることから，そもそも曖昧さを排したプランを立てることなどできないと Suchman は考える．今でこそ，大きな違和感なく受け入れられる考え方だが（読者の皆様におかれてはどうでしょうか？），本書（原著）

のもとになった Suchman の博士論文が世に出たのは 1984 年．当時はエキスパート・システム華やかなりしころで，世の中にある知識をルールとして蓄え，ある規則群を適用してシステムとの対話を行うことで，究極的にはあらゆる問題解決が可能だという夢が，まことしやかに語られていた時代だった．そこに問題解法の系列（プラン）を描くことは，現実世界の行為に当てはめればほとんど徒労に終わる，という，それこそすべて『ご破算』にしてしまう主張がなされたことのインパクトがいかほどだったのか，想像してみただけで鳥肌が立つ．そんな意味で，本書はそれまでの人工知能研究にとどめを刺す，文字通り『リーサル・ウェポン』だったのだ．

　ところで，Suchman が本書を世に送り出したとき，彼女は，レーザプリンタやイーサネット，GUI やノート PC など，コンピュータ史を書き換える偉大な発明を続々と送り出し，世界のコンピュータ・サイエンティストたちの憧れの的だった，Xerox PARC（ゼロックス・パロ・アルト・リサーチセンター）にいた．そこで彼女が出会ったうちの 1 人が，「ユビキタス・コンピューティング」の生みの親，Mark Weiser であったことも，コンピュータ史のエポックと言えるかもしれない．Weiser は，IEEE Computer 誌上ではっきりと，ユビキタス・コンピューティングというコンセプトは，Suchman の示した理論に強い影響を受けたことを述べている．たとえば，Weiser が 1991 年，Scientific American 誌で解説した，新しいコンピュータの姿である tabs, pads, boards は，それぞれ大きさの違うサイズのコンピュータが複数台，生活空間の中にあり，ネットワークを介してつながることによって，それぞれがサービスの入力系にも出力系にもなり得る融通無碍なアーキテクチャを構成した．ユーザは大きさや形，置かれている位置が異なるコンピュータに対し，状況に応じた操作を行うことによって，それに相応しい大きさや形，置かれている位置のコンピュータからサービスを受けることが可能になる．これは，Suchman が本書の中で，コンピュータをインタラクティブな人工物とみなし，人工物のデザインという観点から，人工物が支援する人間の基礎的な行為を突き止める考察に呼応する．Weiser が構想したアーキテクチャは，現代のコンピューティング・システムそのものであると

も言え，今となっては新鮮味のないものに映るかもしれない．しかし，本書の登場を挟んで，コンピューティングという概念は，内部ロジックを指すものから，人間の外界とのインタラクションを司るもの，つまり，メディアに変わっていくというパラダイムシフトを起こしたのだ．まさに，今，社会の隅々にまで行き渡っているコンピューティングの概念が，本書から始まったと考えれば，その功績がいかほどだったかがわかるというものだろう．

さて，本書が私の人生に及ぼした影響を，少しばかり紹介させてほしい．本書を読んで，Suchman の斬新な主張に心踊らされたものの，自らの研究ではもっぱら，人間の行為の系列を確率論的に表現する，いわば，インタラクティブなプランの構成システムを生み出そうとしていた．これを，スーパーマーケットなどの店舗で顧客に使ってもらい，ショッピング経験をより効率的に，より楽しいものにしてもらおうというのである．しかし，いざ，ユーザの行為系列を収集し，そこから確率的なパターンを見い出そうとしても，ほとんど有用なものは抽出できない．解決の糸口を求めて頭を悩ます中で，ふと思い出したのが，この Suchman の主張だった．そう，まさに私は，Suchman が失敗すると看破していたアプローチそのものを適用していたのだ！　何たること！　深く反省した私は，それ以降，方針を大きく変え，ショッピングというプロセスの中で，店内に配置された無数の人工物と顧客の間にある基礎的な相互作用を発見すべく，人類学的アプローチ（まさに，Suchman が採用していたものだ！）を取り入れた研究手法を編み出した．その後，こういった手法が米国のデザイン会社・IDEO などで取り入れられ，注目を集めていることを知り，それに刺激を受けて，私自身もさまざまなデザイン分野に適用するべく拡張と改良を続けていった．昨今，「デザイン思考」などと呼ばれるものだ．デザイン思考は，多くの企業でイノベーションを創造する手段としてもてはやされ，私自身もたくさんのチャレンジングなプロジェクトに携わらせていただき，また，学生・社会人への新たな実践教育を形作る機会にも恵まれた．これも，本書との出会いがなければ，きっと起こらなかったことだ．

社会に，私自身に，大きな変化を及ぼしてくれた，不思議な力を

持った本書．もはやコンピュータ・サイエンスの古典ともいうべき著作だが，教養のために読むものだけではもったいない．研究や実務の岐路に立つ読者ご自身が，新たな道しるべを求めて手にとってみてはいかがだろうか．もしかすると，何か霊的なパワーが舞い降りてくるかもしれない．私にあったように．

24 ビブリオ・トーク

村上知子 (㈱東芝)

生体用センサと計測装置
(ME 教科書シリーズ)

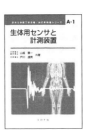

山越憲一, 戸川達男 著, 日本エム・イー学会 編,
㈱コロナ社, 2000, 256p., ISBN:978-4-339-07131-3

　世界的に高齢化が進み, 家庭でのヘルスケアへの関心が高まる中, 3年ほど前, 私の参加していたプロジェクトのメンバで, 生体および生体計測の基礎知識を体系的に習得しようと教科書選びをした. 洋書を中心に探したが, 医学的な専門知識がなければ理解が困難であったり, 生体計測との関連が明確に意識されていなかったりなどで適当な書籍がなかなか見つからなかった.

　ちょうどその頃, とある大学の先生に本書を薦められて, 早速取り寄せてプロジェクトメンバで読み込んだ. 新しく生体センサや計測システムを設計・開発しようとする者にとって, 生体計測技術の初歩から現場で利用されている機器における位置づけ, その応用手法までも一貫して記述した, 優れた入門書であると思うので紹介する.

◆ 基礎から応用までを解説

　本書は「ME 教科書シリーズ」の1巻であり, 著者が前書きでも触れているように, 大学・大学院での教育を目的とした教科書であるが, センサや計測ロジックの特徴, 利用時の注意点などについてもできるだけ平易かつ有機的に述べようとしたものであり, その意図はほぼ満たされていると思う.

　全体を4部に分け, 各部分の特徴を活かした読み方・利用を考えるとよい. 計測に関する諸概念を導入する第1章では, 計測における信号や精度を紹介し, 生体計測の特殊性について述べている. 生体計測では, 対象が生身の人間になるため, それらの生理状態を乱さないよ

うに検出方法やセンサの素材に十分な配慮が必要であるし，生体計測機器には高い再現性が求められると説明している．圧力，流量，化学量などの計測対象量によって生体計測を分類し，以後，第2章で生体内圧の計測，第3章から第6章まで流量の計測，第7章で化学量の計測を解説している．

　第2章では，身体のさまざまな器官の圧力の計測を対象として，生体内圧を直接あるいは間接的に計測する方法を解説している．直接計測の説明は実際には医療従事者が利用するものであるため，やや難解でなじみが薄い感があるが，図解入りで圧センサや計測器具の構造を示していたり，流体力学に基づく計測原理を数式で解説するなど，工学の基礎がある読者には理解しやすいと思われる．一方，間接計測は，家庭で測る血圧計でもおなじみのカフ式等の非侵襲な計測方式が説明されている．さらに，計測時の注意点や各計測方式の利点や欠点などにも触れられていて，実際に計測する際の参考になる．

　第3章では，生体内の流れに焦点をあて，主に血流と呼吸計測を中心に解説している．血流計測は単一血管内と単一組織内における血液の流量の2つに分類し，それぞれで一般的な計測アプローチを紹介している．一方，呼吸計測は，気流速，呼気容積，肺気量などの計測対象に応じた手法を紹介している．

　第4章は生体の運動計測について説明している．センサは接触型と非接触型に大きく分けられ，光や磁気，超音波などの手段を用いて内蔵や血管，眼球など生体内のわずかな変位を計測するものや，ジャイロスコープやGPSによる歩行速度計測や，加速度センサを用いた活動量や睡眠の計測など最近のウェアラブル端末による生体計測の基礎知識についてもまとめられている．

　第5章は生体の温度計測に関して解説している．人の生体の温度には，ほぼ一定に保たれる体内深部の核心温と，部位や環境によって大きく変化する皮膚温がある．本書では，体温計測の目的や用途に応じたさまざまな温度センサが紹介されている．また，口内，直腸などのさまざまな部位での核心温計測において気をつけるべきことや特徴についても解説している．

　第6章は生体からの電気現象の計測に関して述べており，心電や筋

電,MRIなどの非侵襲な計測方式の基本的な考え方を解説している.

　第7章は化学量の計測を解説している.phや血中pO_2,分子やイオンの計測原理を説明している.正直に言うと,化学の知識が乏しい私には難解で,本章に限っては具体的に生体計測の利用イメージと結びつけるのが難しかった.

　本書は,あらゆる生体計測において共通の重要課題である (1) 生体信号の検出, (2) 生体信号の変換・処理, (3) 利用者へのインタフェースの3ステップに関して,図を多用してわかりやすく解説している.また,実際の計測における留意点や機器の扱い等にも触れられているため,計測の目的や用途に応じた手法・機器を選ぶ際にも参考になる.本書の前書きで著者が述べているように,生体計測にこれから足を踏み入れる学生の教科書としてもよいと思われるし,生体医工学の知識がなくても初歩的な工学的知識があれば十分に学べ,経験や知見の体系化に役立つ.

　近年,センサや記録デバイスの小型化,無線技術の発展により,人体の動作や生体活動に関する情報を長期間収集することが可能になった.ウェアラブルなヘルスケア機器が相次いで市場に登場したことにより,生体計測は注目を集めている.しかし,ハードウェアや無線技術の進歩と比較するとき,何かもう1つ飛躍があってしかるべき気がする.理由はいろいろあり,生体計測システム開発のためのソフトウェアサポートが大幅に欠如していたことが原因の1つだと思う.

　しかし,私は,生体計測に関する良書が少なすぎて,そのために,経験や断片的な知識を学問的なレベルにまで体系化する流れが弱いように思う.この意味で,本書は,初心者には簡にして要を得た入門書として,専門家には知見の体系化の手段としてお薦めしたい.

Bold: How to Go Big, Create Wealth and Impact the World

Peter H. Diamandis, Steven Kotler 著, Simon & Schuster, 2015, 336p.,
ISBN:978-1476709567

　本書は「楽観主義者の未来予測」の著者として知られている Peter H. Diamandis 氏と Steven Kotler 氏の最新作である.

　Peter H. Diamandis 氏は民間のロケット打ち上げに 1,000 万ドルの賞金を出した, X プライズの創設者としても有名だが, シンギュラリティ（技術的特異点）に関する著者としても知られている, Ray Kurzweil 氏とともに, シンギュラリティ大学を創設したことでも知られている.

　私が Peter H. Diamandis 氏を初めて知ったのは, 英語の勉強のためにと行ってみた TED トークでの彼のスピーチがきっかけだった.

　その中で, 「私たちの脳は膨大な情報の中からまずは悲観的なものに目を向けるようにできているため, 世の中は悲惨な事件やできごと, また将来への不安や課題が山積みのように感じてしまうが, 人類はこれまで最終的に問題を解決してきたのだから, もっと楽観的に捉えよう」と伝えていたのが印象的だった.

　本書でも, 3D プリント, 人工知能, ロボット工学等を例に出し, 技術進化のスピードは増し, 世界は指数的に成長しているが, どこかネガティブに捉えている風潮がある. マインドセットを行い, 技術革新を楽観的に捉え, 富を築き, 世界を変えるようなイノベーションを生み出そうと述べている.

　本書の内容は大きく 3 つに分かれている.

　第 1 部「BOLD TECHNOLOGY」では, 指数関数的に成長している技術進化について述べられている. 3D プリントや人工知能, ロ

ボット工学，ゲノムや合成生物学等を取り上げ，世の中の指数関数的な成長を "Six D's of Exponentials" モデル— "Digitalization", "Deception", "Disruption", "Demonetization", "Dematerialization", "Democratization" に分け，解説している．しかしこのような進化はこれまで大企業を倒産に追いやったり，混乱を招いている．一方 2020 年までには 1 兆以上のセンサが私たちの生活に浸透し，センサネットワークがもたらす利益は 19 兆ドルにものぼると予想されていると指摘している．

第 2 部「BOLD MINDSET」では，マインドセットを変え，実際に世界を変えるようなイノベーションを生み出している人物として，スペース X 社の Elon Musk 氏，ヴァージン社の Sir Richard Charles Nicholas Branson 氏，Amazon 社の Jeffrey Preston Bezos 氏，Google 社の Larry Page 氏を例に，彼らの大胆な行動へと駆り立てる目的と情熱について紹介している．

第 3 部「THE BOLD CROWD」では，クラウドの可能性について述べている．

2000 年前後に T シャツのオンラインデザインで出現した "クラウドソーシング" を紹介．指数的に発展したクラウドソーシングにより新しい会社やミリオネアを多く生み出した．私たちも意識せずに参加している CAPTCHA システムなどを例にクラウドソーシングプロジェクトについて触れ，クラウドソーシングの上手な活用方法についても述べている．

また "クラウドファンディング" についても触れ，クラウドファンディングのおかげで，これまでかかった時間やコストのほんの一部で，資金の調達から，システムやプロダクトの構築，販売さえも実現でき，アイディアを持っている人たちには素晴らしいオプションであること，クラウドファンディングを成功させるための立ち上げ方や企画方法，具体的な進め方についても言及している．

そして最後には，大きな挑戦を実現させるために，インセンティブ競争の重要性，コミュニティ形成の大切さについて述べている．

本書は日本語訳はまだされていないが，電子書籍で読むことができるので，興味がある方はぜひ読んでいただきたい．

鶴岡慶雅（東京大学）

Algorithms Unlocked

Thomas H. Cormen 著
The MIT Press, 2013, 240p., ISBN：978-0262518802
https://mitpress.mit.edu/books/algorithms-unlocked

◆ 電車で読めるアルゴリズム本

　本書は Thomas H. Cormen によるアルゴリズムの入門書である．そう，あの世界標準教科書 *Introduction to Algorithms* の著者の 1 人の Cormen である．こちらの教科書のほうは 1,300 ページを超える大著であり，書店や図書館で手にとってはみたもののその厚さと重さに腰が引けてしまった人も多いに違いない．素晴らしい教科書ではあるものの，アルゴリズムを専門としようとする人はともかく，多くの人にとっては最初から最後まで読み通すのはなかなか大変な本ではないかと思われる．それに対して本書は，ページ数としては 200 ページ程度におさまっており，気軽に通読してみようと思わせる厚さだ．大きさも B5 サイズ弱で，通勤電車の中でも無理なく読める大きさと軽さである．もちろん最近の書籍らしく電子書籍版もある．

　中身のほうは，アルゴリズムの基本から応用までを，プログラミングの経験がない人にもわかるように丁寧に解説した本である．直感的な理解を助ける説明や図も多く，見た目の雰囲気としては教科書よりも一般書に近いが，表面的な「お話」にとどまることなく，アルゴリズムの細かい動作まできっちりと説明しているところは教科書と遜色ない．

◆ トピックス

　本書でカバーされているトピックは，ソート，探索，グラフ，文字

列処理，暗号，データ圧縮，計算量理論と幅広い．各章で，そもそもなぜそのアルゴリズムが必要なのか，ということが具体例とともに説明されており，現実のアプリケーションでどのように役立つかという見通しを持ったうえでアルゴリズムを学ぶことができるようになっている．トピックとしては，暗号とデータ圧縮，計算量理論に多くのページが割かれているのがアルゴリズムの入門書としてはやや特徴的かもしれない．

　以下，内容を簡単に紹介すると，ソートのアルゴリズムに関しては，本棚にある本を並び変える状況を例にとり，マージソートやクイックソートを初めとするいくつかの重要なアルゴリズムが，どの本をどのように動かすかという形で具体的に説明されている．数え上げソートの説明からソートの安定性，基数ソートという解説の流れは秀逸で，一読しただけで3つの概念とアルゴリズムの動作と重要性が理解できるようになっている．

　グラフに関しては，有向グラフの定義などの基本的な説明に始まり，トポロジカルソート，頂点間の最短経路を求める各種アルゴリズム等が解説されている．たとえば，ダイクストラ法の説明では，二分ヒープによる優先度付きキューまで細かく解説されていて，実際に自分で実装しようと思っても困ることはない．

　文字列に関するアルゴリズムでは，2つの文字列の最長共通部分列を動的計画法によって求める方法，ある文字列から別の文字列に変換する際の最小コストを動的計画法によって求める方法，有限オートマトンによってテキスト中の特例の文字列の出現を高速に検出する方法などが解説されている．

　暗号に関しては，基礎から代表的な公開鍵暗号方式である RSA 暗号のアルゴリズムまで解説されている．ちなみに，RSA 暗号の発明者の1人である Ronald L. Rivest は，最初に述べた教科書 *Introduction to Algorithms* の共著者であり，Rivest の暗号に関する独特な捉え方が紹介されていて面白い．

　データ圧縮に関しては，ハフマン符号の構成の仕方から，ランレングス圧縮のような単純な圧縮法，シンプルでありながら実用的にも優れた性質を持つ LZW (Lempel–Ziv–Welch) 圧縮アルゴリズムが解説

されている.

　本書ではこれらのアルゴリズムに加えて，計算量理論の入り口も解説されている．論理式の充足可能性問題 (SAT)，（判定問題としての）クリーク問題，巡回セールスマン問題，ナップザック問題といった，一見まったく異なるさまざまな問題が，NP（非決定性多項式時間）というレンズを通してみると，実はすべて「同じ」問題だというのは，よく考えると実に衝撃的である．本書では，充足可能性問題から出発し，多項式時間での「還元」（問題の変換）によって，クリーク問題，頂点被覆問題，ハミルトニアン閉路問題，巡回セールスマン問題の NP 完全性を次々と示すことができることが解説されている．それぞれの還元の具体的な方法も示されていて，見た目がまったく異なる 2 つの問題がつながる瞬間の醍醐味を味わうことができる．

　ただ，出発点である充足可能性問題に関して，「NP に属するどんな問題も多項式時間で充足可能性問題に還元できる」ことの解説がほとんどないのはやや残念であった．著者によれば，その証明は長くて退屈 (long and tedious) とのことなのだが，この部分がないと，還元のループが完成しないので NP 完全という概念の面白さは伝わりにくいのではなかろうか．フォーマルな証明はともかく，そのアウトラインだけでも解説してほしかったというのは贅沢を言い過ぎであろうか．

◆ 英語教材として

　本書は幸か不幸かまだ日本語版は発売されていない．読者がいわゆる「情報系」の学生で，洋書をまだ一度も最初から最後まで通して読んだ経験がない，というのであればぜひ本書を通読することをお薦めしたい．たとえ 1 冊でも，英語の本を最後まで読み切った経験があると，英語に対する抵抗感がずいぶんと小さくなるものだ．情報系の分野で仕事をしていく以上，多かれ少なかれ英語で最新情報を入手しなくてはならなくなるのだから，苦手意識は早々に克服しておくに越したことはない．

　そのような洋書の 1 冊として誰にでも推薦できる本というのはなかなかないが，本書は，情報系の学生であれば間違いなく読んで損のな

い本である．取り上げられている数々のアルゴリズムは，情報系の人間であれば当然知っているべき，あるいは知っていて損のないものばかりであるうえに，たいていの教科書よりもずっとわかりやすく解説されている．使われている英単語も比較的平易であり，小説を英語で読むよりはずっと簡単だ．

27 ビブリオ・トーク

土井千章（㈱NTTドコモ）

Cooking for Geeks
―料理の科学と実践レシピ

Jeff Potter 著，水原　文（訳），
㈱オライリー・ジャパン，2011，424p.，ISBN-13：978-4-87311-509-2

◆「Cooking for Geeks―料理の科学と実践レシピ」とは

　本書はレシピが100以上掲載されているいわば料理本である．

　レシピは「前菜とつけ合わせ」，「スープ」，「メインディッシュ」，「デザート」等のカテゴリ別に分かれており，この本で説明されているレシピ通りに調理するとフルコースを自宅で楽しむことができそうだ．

　レシピ名には「ホットケーキの固有値：レシピの『Hello World！』」や「ティム・オライリーのスコーンレシピ」等ユニークな名前から「かんたんビーフシチュー」や「かんたんチーズバーガー」等聞き慣れた名前がつけられている．

　また，科学者やシェフやフードブロガー等21人へのインタビュー記事が掲載されており，その中でティム・オライリーが「ティム・オライリーのスコーンレシピ」を紹介するとともに自らジャム作りの2つの秘密を打ち明けている．この秘密を知ると，ジャムの風味に関して最適化する変数が1つに絞られるため，ジャム作りの成功確率が高まりそうだ．

　私が，この料理本を『情報処理』の連載「ビブリオ・トーク」用に選んだ理由は以下の2点である．

　①本書は，ハッカー，Maker，プログラマ，エンジニア，技術屋（この本ではまとめてギークと呼ばれている）のために書かれた料理本であり，『情報処理』の読者層と合っていると考えたため

②料理を，『情報処理』の読者であれば身近であろうプログラミングに例えて説明している点がもの珍しく，表現に面白さを感じたため

この「ビブリオ・トーク」では，本書の料理の出来栄えに影響を及ぼす時間と温度について解説されている章から一部を紹介し，実際に掲載されているレシピ通りに料理をした所感を述べる．

◆ 時間と温度は，料理の主要変数

4章では，料理の主要変数とされている時間と温度が料理の出来映えにどのように影響するか説明されている．たとえば，卵であれば，卵白中の最も熱に敏感なタンパク質オボトランスフェリンは62℃で変成を始め，卵黄の大部分のタンパク質は65℃から70℃の温度で固まり始めるそうだ．この特性を考慮して調理を行うと，「本当にびっくりするほどおいしい」「チーズやクリームのような風味が生じる」スクランブルエッグが完成するらしい．材料は卵のみを使用することが推奨されており，調理方法はいたって簡単で「ボウルに2個か3個の卵を割り入れ，泡立て器で完全に白身と黄身が混ざるまでかき混ぜる．フッ素加工されたフライパンに移し，フライパンが71℃を超えないように弱火でセットし，ヘラで卵がカスタードのようにむらなくトロトロになるまで絶え間なくかき混ぜる」ことで完成するようだ．これは朝ご飯の主役級レシピになるかもしれない．また，得意料理として卵の固まる温度等を説明しながら誰かに振る舞うのも良いかもしれない．ただし，レシピ名に「30分かけて作るスクランブルエッグ」とある通り，弱火を保ちながら調理を行うので時間がかかるため，日常のレシピとしてはオススメされていない点にはご注意いただきたい．

◆ いざ実践！「30分かけて作るスクランブルエッグ」

実際に，紹介されていたレシピ通りにスクランブルエッグを調理した．今回は，コストパフォーマンスを重視し，某スーパーマーケットで購入したアルミ製のフライパン（980円）を使用したが，最適なフライパンについては2章でフライパンの材質に関する2つの重要な変

図-1　30分経過後の様子　　　　図-2　完成品

数とともに説明されているので気になる方はぜひこちらをご一読いただきたい．

　調理中は，主要変数とされている温度を意識してフライパン上の温度が71℃を超えないように赤外線非接触温度計で確認し，随時火力調整を行った．時間と温度が卵に与える影響を意識的に観察しながら行う調理は，理科の実験のようで新鮮だった．本書に記載されていたとおりにターナーでフライパン上を30分間「ランダムウォーク」をさせ続けた結果（図-1），黄身の色が強く，透き通っていて，一見ジャムのようなスクランブルエッグAができあがった（図-2実線内）．試しに私が思うスクランブルエッグBを作って比較してみたが（図-2点線内），レシピ通り作ったスクランブルエッグAの感触はねっとりとしており，味は黄身の味が強く卵の甘みとコクが際立っていて，スクランブルエッグBとは見た目も味も異なる料理だった．しかし，どちらも美味しくいただくことができた．

　いつもとは違う食感のスクランブルエッグを楽しみたい方，これから料理を始めようとしている方，その他のレシピに興味がある方は，ぜひ一度この本を手に取っていただきたい．ちなみに，私が次回挑戦を予定しているレシピは「30秒で作るチョコレートケーキ」である．

永野秀尚（日本電信電話㈱）

理科系の作文技術

木下是雄 著
中央公論新社，1981, 256p., ISBN:978-4-12-100624-0

　木下是雄著『理科系の作文技術』（中公新書）を紹介する．1981年の発行以来多くの読者に読まれ，2015年11月現在の発行部数は97万部を超えるという．本書は作文の高度なテクニックを紹介するような本ではない．また，単なるハウツー本でもない．文書を書くにあたって必須な基本的事項を書いている．逆に，それゆえこれほど長い間，新しい読者にも読まれているのであろう．まだ本書を読んだことがない人には，ぜひできるだけ早く読んでほしい．特に「レポートの書き方がわからない」，「これから卒業研究に取り組む」といった若い学生の方には必読の書である．一方，本誌『情報処理』の読者の中には，本書をすでに読んだ人も多数いるだろう．そのような人にも本書を読みなおすきっかけになればいい．このように考え本書をビブリオ・トークで紹介する．なお，タイトルに「理科系の」とあるが理科系の人以外にもおすすめの1冊である．

　著者によると本書の目標は以下である．「私がこの書物の読者と想定するのは，ひろい意味での理科系の，若い研究者・技術者と学生諸君だ．これらの人たちが仕事でものを書くとき─学生ならば勉学のためにものを書くとき─に役に立つような表現技術のテキストを提供したい，と私は考えている」．

　また，本書で作文の対象とする文書とはどのような文書かを要約すると次のようになる．「理科系の人が仕事のために書く文章で，他人に読んでもらうことを目的とするものとしている．このような文書を「仕事の文書」と呼んでいる．仕事の文書には，用件の手紙やメモか

ら，（所属機関内の）報告書，答案，レポート，論文，申請書，取扱説明書まで，他人に読んでもらっことを目的とする多くの文書が合まれる．ただし，他人に読んでもらう文書といっても，詩や小説などの文学作品は含まれない」．これを見ればおわかりいただけるように，本書の対象とする仕事の文書は理科系に限られるものでない．

　本書では，「仕事の文書」は内容が「事実（状況をふくむ）」と「意見（判断や予測をふくむ）」に限られ，心情的要素を含まない．事実や状況について人に伝える知識，または人から伝えられる知識を情報と呼び，仕事の文書は情報と意見だけの伝達を使命とするとしている．

　このように，本書で指導する作文技術は，「仕事の文書」には読者と役割があり，想定する読者に対し役割を果たす文書をいかに書くかということを一貫として目標にしている．

　そして，このような仕事の文書を書くときの心得は

(a)　主題について述べるべき事実と意見を十分に精選し，

(b)　それらを，事実と意見とを峻別しながら，順序よく，明快・簡潔に記述する

ことに要約されるとしている．

　本書ではこの心得にそって，上記の目標に向かって文書を書く技術が明快に述べられる．

　本書の目次は以下の通りだ．

1. 序章
2. 準備作業（立案）
3. 文章の組立て
4. パラグラフ
5. 文の構造と文章の流れ
6. はっきり言い切る姿勢
7. 事実と意見
8. わかりやすく簡潔な表現
9. 執筆メモ
10. 手紙・説明書・原著論文
11. 学会講演の要領

以下，いくつかの章の内容を紹介する．

第2章は「仕事の文書」を書くための準備作業を説く．文書の役割の確認，想定する読者や文書の長さの制限などに応じた主題の選定，文書の目標規定文（主題に関して自分は何を目標としてその文書を書くのか，そこで何を主張しようとするのかをまとめた一文）の作成，材料集めなどである．

第3章は，文章における記述の順序，序論・本論・むすびなどの文書の構成，論理展開の仕方に関するものである．ここでも文書の読者の視点に立ち，「読者のための文書」の構成法が述べられる．

第5章は文の構造と文章の流れに関する．理解を難しくする逆茂木型の文と文章（文にとって枝葉である修飾語・修飾節が前置きされ最後まで読まないと意味が理解できない文や文章）について述べられる．この逆茂木型の文や文章は，修飾語や修飾節を前置きするという日本語の構造によるものである．日本語ではこのような文または文章になりがちである．これらの文を直す要領も述べられる．

第10章では手紙・説明書・原著論文を例として，仕事の文書の書き方を具体的に説明する．

第11章は学会講演の要領についてである．スライドの作成から発表の仕方まで説明する．

本書を通して読むと，レポートの書き方から，卒業論文の書き方まで，さらには卒業研究への取り組み方そのものについても参考になると思う．また，第10章と第11章の論文執筆と学会発表の仕方については，人に読んでもらえる論文を書くには，人に聴いてもらえる発表をするには，という点からも非常に参考になる．

なお，個人的には本書の中でも特に第2章が秀逸であると私は考える．仕事の文書には読者がいて役割がある．仕事の文書は読者のために書くもので，どうせ書くのならば，読者の役に立つ文書を書きたい．そう考えると文書を書くことがとたんに創造的で楽しいことに私には思えるからだ．

また，「仕事の文書」を書くことは，それ自体が「仕事」であることも多いと思う．第2章では「良い仕事の文書」を書くために何を準備すべきかが述べられており，そもそも良い仕事をするためにどのよ

100

うに仕事に取り組むかという観点からも参考になる.

また，第11章で説明書を具体例として取り上げているのもすばらしい．説明書と言われると各部品や機能の説明を羅列する無味乾燥な文書を想像してしまう．しかし，説明書には読者と読者に対する役割がある．その役割を果たすためにどのように説明書を書くべきかと考えると，これはとても創造的な作文になる.

なお，本書は主に日本語の作文技術に関する本である．しかし，英語の文書を書く場合にも有用である．特に，第5章と第6章では，日本語を使う我々の書く，欧米人に理解されにくい英語や，解釈の異なる表現などが紹介される．ぜひ確認してほしい.

本書は1981年初出であり，ワープロソフトやプレゼンテーションソフトが普及した現在においては若干古い個所（第9章の校正に関する部分や第11章のスライドに関する部分など）もある．しかし，ここで述べられるような技術も本書の目標である良い仕事の文書を書くための技術であり，これらの技術の意図するものは現在でも参考になると思う.

私は本書を定期的に繰り返し読んでいる．その主な理由は以下の3点である.

1. 良い「仕事の文章」とは何かを思い出させてくれる.

2. 1. を意識すると「仕事の文書」を書くことが創造的で非常に楽しいことになる.

3. 仕事への取り組み方自体にも参考になる.

文系理系を問わず仕事の文書をきちんと書くことの重要性は言うまでもないであろう．繰返しになるが，これからレポートを書き始めたり，卒業研究に取り組まれたりする学生の皆さんには必ず読んでほしい1冊である．独りよがりな文書ではなく読者に対して役割を果たす文書を書くということに楽しんで取り組めるのではないかと思う.

西山博泰 (㈱日立製作所)

ハッカーのたのしみ
―本物のプログラマはいかにして問題を解くか―

ヘンリー・S・ウォーレン, ジュニア 著,
滝沢 徹, 鈴木 貢, 赤池英夫, 葛 毅, 藤波順久, 玉井 浩 (訳),
㈱エスアイビー・アクセス／㈱星雲社, 2004,
ISBN:978-4-434-04668-1

「ハッカー」という呼称は，私が学生のころには魔術的なプログラミングテクニックで問題を解決する憧憬の対象を意味していた．残念なことに，最近ではコンピュータに不正に侵入して企業情報を不正取得するなど，犯罪的な行為を行う人物を意味することが多いようである．本書における「ハッカー」は前者を指しており，「ハッカーのたのしみ」とは，前者のハッカーがプログラミングに使う魔術的なアルゴリズムを意味している．

本書で扱われているアルゴリズムは，アルゴリズムとはいっても一般的なアルゴリズムの教科書に出てくるようなものとは毛色が異なり，計算機に近い低レベルのプログラムを行う際によく必要とされる比較的小規模な問題をコンパクトなコードでエレガントに解く方法に主眼を置いている．

本書で紹介されているアルゴリズムからこのようなコードの簡単な例を1つ挙げると，余分なレジスタ（変数）を利用しないで2つのレジスタの値を交換するコードは次のように表現できるとされる（「$\oplus$」は排他的論理和演算とする）．

$x \leftarrow x \oplus y$
$y \leftarrow y \oplus x$
$x \leftarrow x \oplus y$

ビブリオ・トーク 29　西山博泰（㈱日立製作所）

　一般的なアルゴリズムの教科書で紹介されるアルゴリズムが，オーダで表される計算量に焦点を当てているのに対し，本書では命令レベルの実行コストに焦点を当てている．

　利用可能なリソースに強い制約があるプログラミングでは，ここで挙げたようなコードパターンを知っておくことは非常に有用である．一方で，近年ではハードウェア性能やメモリ容量が大きく増加し，このようなある意味「せせこましい」プログラミングを必要とする場面はほとんどなくなっているものと思われる．OS の一部や高性能が求められるライブラリ，組込みシステムにおける低レベルプログラミングなどはこのようなコーディングスキルが現在でも要求される分野の例であろうか．

　私はコンパイラなど言語処理系関係の研究開発を生業としているが，本書で示されているようなコードパターンを活用することは 1 サイクルでも高性能な生成コードを得るという目的を達成する上で必須である（なお，コンパイラ本体で本書に示されているようなコードを利用することは，保守性などの観点からほとんどない）．著者の Henry S. Warren, Jr. 氏は IBM の研究部門でコンパイラとコンピュータアーキテクチャの研究を行っているとのことであり，本書で示されているアルゴリズムの数々はその過程で集められたものであろう．

　以下，本書で扱われているトピックスを簡単に紹介すると，

　「基本操作」に関する章では，符号拡張，オーバーフロー検出，多倍長演算といった整数データを扱う際によく使われる典型的な演算に関するアルゴリズムが説明されている．

　「2 の冪乗の境界」および「算術的な境界」では，2 の冪乗への切り上げなどの整数値の境界の扱い，境界値の検査の効率の良いアルゴリズムなどが提示されている．これらは，アドレス計算や添え字検査の助けとなる．

　「ビットの数え上げ」ではデータ中の特定の値 (0/1) の効率的な数え上げ方法が示されており，集合のビット表現などで有用であろう．

　「ワードの探索」ではワード中の特定値の出現位置を効率的に求める方法が説明されている．これは文字列処理で頻出する．

　「ビットやバイト単位の並べ替え」では，ビット逆転などデータ並

べ替え方法が示されている．ビットフィールドの処理で有用なパターンである．

「乗算」「整数除算」「整数定数による除算」では，効率的な乗除算の方法が示されている．このうち除算は多くの計算機でコストの高い演算であり，整数定数による除算をコストの低い演算で代替する方法は特に重宝する．

「いくつかの初等関数」では平方根，整数対数などの基本関数の実現方法が示されている．

「数の表現のための一風変わった基数」では，2進／10進以外の基数表現が議論されている．著者は「たぶん実用的でない」と述べているが，うまい活用先はないものだろうか．

「グレイコード」も別の数値表現で，こちらは回路設計などにも応用されている．

「ヒルベルト曲線」では，再帰アルゴリズムでおなじみのヒルベルト曲線を扱うためのアルゴリズムが取り上げられている．この章では，解を効率的に求める論理回路にまで立ち入っている点が興味を引く．

「浮動小数点」は整数演算を用いた比較演算など興味深いアルゴリズムが示されているが，紹介されているアルゴリズムはそれほど多くない．もう少しページ数が割かれていると良かったのではないか．

「素数に関する式」では素数を求めるアルゴリズムについて述べられている．

このように本書で扱われるアルゴリズムは多岐にわたる．取り上げられている分野やその濃淡に少々まとまりがない気がしなくもないが，先に述べたような応用分野でこういったアルゴリズムの効率的実現方法を必要としている読者にとっては非常に有益な文献となるであろう．

ところで，こういった実務的な用途を期待する読者に加え，本書は純粋な知的興味としてエレガントなコードを追求すること自体に楽しみを見い出す読者にもお勧めである．むしろ，本書のタイトルからすると，こちらのほうが本来の目的に沿っていると言えるかもしれない．そういった観点からは，本書で紹介されている以外のアルゴリズ

ムを収集するという方向性もあるだろう．本書のサポートページ[1]では，原著の正誤表などに加え，読者から寄せられたアルゴリズムのうち本書に記載されなかったいくつかのアルゴリズムが紹介されている．本書で紹介されているアルゴリズムに加え，それらを鑑賞するのも楽しい．

　なお，2012年に出版された原著第二版では，先に示した項目に加え，巡回冗長検査 (CRC)，誤り訂正符号 (ECC) がトピックスとして追加されている．また，各章に演習問題が追加され（回答例は巻末に示されている），本書を読む読者の楽しみが増している．

[1] http://www.hackersdelight.org

30 ぼくの命は言葉とともにある
（9歳で失明　18歳で聴力も失ったぼくが東大教授となり，考えてきたこと）

坊農真弓（国立情報学研究所）

福島　智 著
㈱致知出版社，2015，267p．，ISBN:978-4-8009-1072-1

　この書籍は幸福とは何かをご自身の体験に基づいて問うものです．著者の福島さんは9歳で失明，18歳で聴力も失った東大教授です．2015年，『情報処理』56巻6号に「盲ろう者が見る世界―情報のインフラからコミュニケーションのインフラへ―」というタイトルの福島さんと私の対談を掲載させていただきました．私と福島さんの初対面は，2014年度に東京大学先端科学技術研究センターで実施されたソーシャル・マジョリティ研究会セミナー（主催：発達障害当事者 綾屋紗月さん）でした．私はこのセミナーでマジョリティはどのようにコミュニケーションしているのかについて，いくつかの事例とこれまでの考え方を挙げて説明しました．そこで福島さんは最前列で指点字通訳のお二人とともに座ってらっしゃいました．私の講演のテーマは「会話における3人目」でした．「3人目」というのは，話し手聞き手からなる対話ではなく，話し手と2人の聞き手からなる多人数インタラクションにおいて，重要になってきます．具体的には，次の話し手になるわけではなく，目の前にいる2人のやりとりを傍らで見ている存在のことを指します．私たちは日常会話において，傍らの3人目として情報を得ることが多いです．コミュニケーションは話し手と聞き手二者だけに閉じられているのではなく，やりとりが聞こえる，見える範囲の人々に開かれています．福島さんは講演後，私のところにやってこられて「僕にとっても3人目は課題です」とおっしゃいました．そのときの私は福島さんの著作を存じ上げず，この発言の本当の意味するところがわかりませんでした．

ビブリオ・トーク 30　坊農真弓（国立情報学研究所）

　福島さんは本書籍の中で，盲ろうになったときの状況を「真っ暗の宇宙にたった1人漂う私」と表現されています．まず最初にこの真っ暗の宇宙から福島さんを救ったのが「指点字」です．指点字は福島さんと福島さんのお母様が作った，指を点字タイプライタのキーに見立てて伝えるコミュニケーションの手段です．さらに福島さんを「新たな宇宙」に連れ出したのは，指点字通訳でした．指点字通訳は間接話法ではなく，直接話法で誰がどのようにしゃべっているかなどの話者の独自の言い回しなども含めて表す方法です．たとえば，「I君は22日におうちに帰るんですって」という表現が間接話法です．これを直接話法で表すと「M：I君はいつおうちに帰るの？　I：うーんとね，22日に帰ろうと思うんだけどね」となります．指点字を受ける福島さん以外の人間同士のやりとりをそのまま伝えるというこの手法が，福島さんの友人が喫茶店で偶然に発明した指点字通訳でした．

　指点字通訳の手法が構築されたこの状況がまさに「会話における3人目」を福島さんが再び体験した瞬間だったんだろうと，今になって私は思います．指点字や盲ろう者が用いる触手話によるコミュニケーションは，相手の手に触れて情報を伝達します．相手と手と手を取り合ってしまうと，自然に二者対話の環境ができあがってしまいます．福島さんが再び世界とつながるためには，1人の他者と手を触れ合うのではなく，世界を伝えてくれる他者とつながることが不可欠だったのです．

　この書籍は福島さんの豊かな読書経験も魅力の1つです．そして類い稀なる福島さんの文章力で展開される幸福論は，私たちが情報伝達やコミュニケーションを考え直す上でとても示唆的です．昨今，人工知能が世の中を賑わせていますが，人間がプログラムしたコンピュータが指点字通訳のように温かな血の通ったコミュニケーション支援をできるようになる日はいつになるでしょうか．コミュニケーションの本質を考えるためのヒントが詰まった本書籍をぜひお手に取っていただければと思います．

木村功作（富士通研究所）

APIデザインの極意
Java/NetBeans アーキテクト探究ノート

Jaroslav Tulach 著，柴田芳樹（訳），
㈱インプレスジャパン，2014, 432p., ISBN:978-4-8443-3591-7

　Application Programming Interface (API) は，オペレーティングシステムやミドルウェア等の機能をプログラムから利用するために用いるインタフェースのことであり，かなり昔から存在する概念です．しかし近年でも（といっても随分前からですが）Web API という形でWeb上での機能の提供と利用が活発に行われており，APIはいまだにとても重要な概念であるといえます．情報系の研究者・開発者であれば，今どきのソフトウェアを開発するには必ず何らかの APIを利用する必要があったり，研究成果や技術を使ってもらうために自ら APIを公開したりするなど，関連が多いのではないかと思います．

　本書は，将来の長期にわたる改善・拡張に耐え得るような APIを設計するための考え方・ノウハウをまとめた本です．本書は，Javaの統合開発環境である NetBeans のアーキテクトを務めた Jaroslav Tulach 氏が著した *Practical API Design: Confessions of a Java Framework Architect* の邦訳であり，翻訳は *Effective Java* 等の Java 関連書籍を翻訳・執筆されている柴田芳樹氏によってなされています．

　本書以外にも API（特に Web API）の設計に関する良書はいろいろありますが，その中でも私は本書をご一読いただくことをお薦めします．本書の最大の特長は，APIの初版設計開始から改版，終息に至るまでのライフサイクルのありようが，著者自身の，成功ばかりとは限らない実体験をもとに語られている点です．約20年にわたり多くの開発者を巻き込み，さまざまな拡張プラグインの開発によって

APIが使い倒され，発展・存続してきたNetBeansのノウハウには，一朝一夕では得られない説得力があります．

　本稿では，本書の中でとても印象に残った節タイトルをそのまま使わせていただきつつ，本書の内容をごく一部だけご紹介します．

◆ 「この本は，Javaだけに役立つのでしょうか」

　本書は副題に*Java/NetBeans*を含んでいますが，決してJava向けに限定された内容の本ではありません．本書ではNetBeansの事例を用いてノウハウが語られているため，中にはJavaの言語仕様や標準クラスライブラリ固有のものが多く出てきます．しかし，本書中の提言や基本的な考え方は特定言語に依存しないものであり，オブジェクト指向に限らずさまざまなプログラミング言語でAPIを設計する際に参考にすることができます．特に「第一部　理論と正当性」では，優れたAPIの定義やそれらが必要な理由を哲学やコンピュータの歴史を交えて論じており，非常に有用である上に読みごたえのある内容になっています．

　しかしながら，タイトルや表紙デザインの印象，中身の斜め読みだけではそのことがわかりにくく，非常にもったいないと感じています．ぜひとも，Java以外の言語を愛用する多くの方々にも書店や図書館で本書を手に取ってじっくり読んでいただきたいものです．

◆ 「最初のバージョンは決して完璧ではない」

　これは，本書が述べるAPI設計のあるべき姿勢を示唆しています．すなわち，本書では「どれだけみなさんが努力するかに関係なく，リリースされたバージョンはバグを含むでしょうし，ユーザは，あなたの設計が想定している範囲を超えた仕事に使用しようとする」という現実を受け入れ，APIは徐々に改善されるものであるという前提で何をすべきか，が語られています．

　まず，古いバージョンを今まで同様に使えるようにする後方互換性について言及しています．具体的には，「ソース」や「バイナリ」，それらより抽象的な「機能」といった異なるレベルでの後方互換性が存在すること，およびそれらの事例について提示しています．次に，

API 設計はユースケース指向であるべきと述べています．API が広く使われるようになるほど，ユーザから API に対する要求を直接引き出すことが非常に困難になってきます．そのため，API を改善する際にはユースケース（ユーザからの使われ方）を想定し，それを実現するような最適化を目指すべき，ということを述べています．

◆ 「必要以上に公開しない」

これは，「KISS の原則」等で知られる設計の簡潔さについての普遍的な考え方そのものですが，とても重要なので本書では改めて言及されています．API を必要以上に公開してしまうことで，拡張が困難になったり想定外の使い方をされたりするような問題が発生することを事例を交えて述べています．

これに関する施策はプログラミング言語によって異なりますが，本書では Java について，

・フィールドよりメソッドを使う
・コンストラクタよりファクトリメソッドを使う
・final にする
・不要な setter を公開しない
・パッケージプライベートにする
・オブジェクトの作成者にのみ特権を与える
・深い階層を公開しない

といったことを推奨しています．

◆ 「これからは，無知の時代です」

本書は，API の提供・利用によるソフトウェア開発の特長を「選択的無知 (selective cluelessness)」という言葉で表現しています．選択的無知とは，開発者は個々のソフトウェア部品の中身のことをまったく知らなくても，それらを組み合わせて大規模なシステムを開発できること，すなわち，開発者は知るべきことと知らなくて良いことを選択することができる，ということを表しています．

本書の著者は，今後ますますソフトウェアが大規模化・複雑化し，開発者に要求される達成度が上がっていく一方で，個々人が理解でき

るシステムの部分はますます小さくなっていくであろうという予想を立てています．さらに，その予想通りに状況が推移した場合に今後生じるであろうさまざまな問題に対しては，選択的無知が答えを与えてくれると説いています．

　これからは，無知の時代になりそうです．皆様が選択的無知でいられるために，本書の API に関する知識はぜひ知っておいていただきたいと私は思います．

32 ビブリオ・トーク

五十嵐悠紀（明治大学）

LEAN IN（リーン・イン）
女性，仕事，リーダーへの意欲

シェリル・サンドバーグ 著，村井章子（訳），
㈱日本経済新聞出版社，2013, 304p., ISBN:978-4-532-31897-0

◆ 男性にも読んでほしい1冊

　このビブリオ・トークのコーナーは密かに毎回楽しみにしています．これまでに読んだことのない新たな本との出会いとなるのはもちろんのこと，同じようなキャリアを積んできた研究者の方々の"きっかけになった本"を知る機会でもあるからです．"情報学を志すきっかけになった本"，"絶版となっているが素晴らしい書"，"有名な教授が書いた書籍"，などなど……．私は一風変えて，キャリア形成やそれに対する悩み，ワーク・ライフ・バランスについて書かれたこの1冊を挙げてみます．

　サブタイトルでは「女性，仕事，リーダーへの意欲」とあり，女性が読むべき本だろう，と誤解されることも多いのですが，女性だけでなく，ぜひとも男性やこれから社会に出る学生さんにも読んでほしいです．「多様性」や「女性の活躍支援」を掲げるような会社や組織が何を意識していかなくてはいけないか，気づかされるのではないでしょうか．

　著者であるシェリル・サンドバーグ (Sheryl Kara Sandberg) 氏はフェイスブックのCOO（最高執行責任者）です．そして2人の子どもを持つ，お母さんでもあります．そんな彼女が，仕事も家庭もと日々働く女性にありがちな悩みについて，さまざまな自身の体験した具体例を挙げながら，いろいろと周囲の状況を調べた上で客観的なデータを示しながら執筆されています．フォーチュン誌の「世界で最

も有力な女性50人」，タイム誌の「世界で最も影響力のある100人」にも選出されたシェリル．そんな彼女でも，私と同じ悩みを持つ女性だと少し読んだだけで気づかされます．

◆ 本書の内容紹介

1章では，女性が直面しているさまざまな問題を明らかにしてあります．続く章では，私たちが自分自身でできることに焦点を合わせて紹介されていきます．自信をつけること（2章），先々のことまで心配しすぎないこと（7章），パートナーにもっと家で活躍してもらうこと（8章），すべてを完璧にやるという実行不能な基準を決めないこと（9章）……．

たとえば，

「会議でテーブルに着くのを遠慮し，部屋の隅に行く女性達」

「ハイディとハワード実験（男性名と女性名では同じキャリアでも男性の方が好ましい同僚と見なされる）」

「インポスターシンドロームにかかりやすい女性達（成功しているにもかかわらず自分を過小評価してしまう現象）」

「ティアラシンドロームにかかりやすい女性達（良い仕事をすればきっと誰かがティアラを被せてくれると期待する傾向）」

などなど，わかりやすい事例が次々に出されていきます．

こういった悩みには完璧な答えなんてどこにもありません．ただ，著者は統計データを挙げ，学問的な研究を援用しつつ，彼女自身が目にしてきたことや学んだ教訓を紹介してあります．ぜひ，「うちの職場にはこんな悩みを持つ女性はいない」と思わずに，シェリルが自分の部署や研究室にいると思って，読んでみてください．

◆ 大事なのは声を上げることだけでなく，自分自身の意識改革

内閣府男女共同参画局[1] では，働く女性のための政策や支援，企業の支援，女子学生のためのイベントなど多岐にわたって「男女共同

☆1　http://www.gender.go.jp/index.html

参画」といった視点で情報をまとめ，配信しています．男女分け隔てなく働ける職場にするために，今，何が求められているのでしょうか？

　先日私は，男女共同参画への大学の取り組みをテーマとした講演会に行きました．そこに出席していたのは学部長クラスの男性の先生方がほとんど．質疑応答の時間にはそれこそ，最初は質問が出なかったのですが，意を決して手を挙げ，普段の学内業務で困っていること，改善してほしいこと，他大学や他の企業ですでに導入されている制度や取り組みの具体例を述べさせていただきました．

　声をあげて，制度を変えていくこと自体，大事なことでもあります．実際に，出席していたほかの女性の方々には「こうやって具体的な声を上げることがとても大事なのです．ありがとうございます」とも言われました．しかし，シェリルの主張は違います．「女性が自らを変える」これが私の心には一番響きました．人の考え方や制度を変えるには時間がかかります．けれど，自分が変わるのは今すぐにでもできます．会議でテーブルに着くのを遠慮せずに，男性と同じ席に着く．完璧な母親をと全部自分でやっていたのを少し外注してみる．私にとっては，そんな，一歩前へ踏み出す勇気をもらった本だったのです．

　私は女子大出身なので身の回りに女性の先輩たちがたくさんいました．今は女性の学科長の下で働いています．そんなありがたい現状にありながらも，常に自分の仕事とプライベートの狭間で悩み続けています．まずこの本を読んだときに感じたのは，「（日本だけでなく）世界に目を向けてみても，こんなに素晴らしい仕事で大活躍している女性ですらこういった同じ悩みを抱えているんだ」という安心感でした．しかし，それではダメだと気づかされます．そういった女性特有の「私もよ〜」「そうだよね〜」という同情をしている場合ではないのです．「自分が変わればできること」を常に意識して，仕事とプライベートを充実させていきたいと思います．

　本を読む時間がない！　読書は苦手！　という人は，彼女がTEDと呼ばれる世界的に有名なカンファレンスで話した動画があるのでそれをぜひご覧ください．

　http://digitalcast.jp/v/11752/

入江英嗣 (東京大学)

部分と全体
私の生涯の偉大な出会いと対話

ヴェルナー・カルル・ハイゼンベルク 著, 山崎和夫 (訳),
㈱みすず書房, 1999, 424p., ISBN:978-4-622-04971-5

　21世紀も15年を経てコンピュータはますます賢くなり，20世紀とは違う，今世紀のコンピュータの景色が顕著になってきそうだ．多数ノードの自律的な運用，サンプルデータからの知識の学習，自己強化，偶発的な改良の生成と取り込みなど，計算力が向上すればするほどコンピュータは独り立ちに向かっているように見える．証券取引やSNSでのボットの振舞いを見るまでもなく，すでに，人と同じインタフェースを持つプログラム動作が，多数の人々の行動や考えを左右するようになっている．自動運転義務化の是非は，すぐに精度の問題ではなく，意思の自由と生命のどちらに重きをおくかという議論になるだろう．

　人間の意思とコンピュータ，役立つ道具としての関係だった二者が相克する関係になったとき，何をもって良しとするかを決める哲学が我々にあるだろうか．もし情報技術の研究者たちが，各自の専門内で個々の課題の高速化・効率化に成果を上げ続けるとしたら，全体として行き着く先はデストピアになりかねない．だが，これだけ細分化した専門の中，価値観の転換時に全体を見失わない思考とはどのようなものだろうか．

　今回紹介する本書は，ちょうど100年くらい前に物理学の世界であった有名な大転換，量子力学の誕生に巡り合わせた第一人者で，ノーベル物理学賞受賞のハイゼンベルク (Heisenberg) の著である．学問におけるこの大転換は，世界の雰囲気とも連動している．19世紀の，すべてが秩序立って決定的に動く歯車機械のようなイメージ

（だからこそ，シャーロック・ホームズは推理を何段も積み重ねることができるのだ）に対して，20世紀の，先が定まらず偶発的に極端なことが起こり得るイメージ（ホームズが20世紀的にどう変化するかはエーコ (Eco) の「薔薇の名前」に見ることができる）は，まさにハイゼンベルクの不確定性理論や，我々の分野なら不完全性定理に象徴的である．本書では，ハイゼンベルクがこの大転換の中，どのような哲学を芯として研究を続けたのかが，自伝に舞台を借りて語られる．格調高く，ハイゼンベルクの哲学のおそらく心奥近くまで読者を誘ってくれる一方，綴られる人生はドラマチックで完成度の高い小説を読むかのようだ．ハラハラドキドキの展開にページをめくるうちに，いつのまにか脳に良質の栄養を摂取できる，そんなまさに「粒子でもあり波動でもある」本だ．

　憧れのボーア (Bohr) との出会いから，コペンハーゲンの研究所に呼ばれるまではさながらシンデレラストーリー．そして，個性豊かな英雄たちとの手強い論戦，次々に現れる不可思議な実験結果と常識を覆す大胆な仮説．尊いほどの友情で描かれるパウリ (Pauli) は学生時代から「僕は実験道具とのつきあいが苦手でね」と言いながら登場して，エピソードを知る人はニヤリとさせられるだろう．おなじみアインシュタイン (Einstein) は圧倒的な知の巨人ぶりを滲ませながらも，彼自身の哲学と反する量子力学の堅固さへの苦悩を見せる．この対決は序盤のクライマックスだ．こんな凄みのあるアインシュタイン描写はなかなか見られない．

　おりしも舞台は第二次世界大戦に向けてナチスの狂気が増すドイツ．不穏な予感の中，量子力学が明らかにした原子の構造は，そこから取り出せるかもしれない莫大な核エネルギーを示唆していた．仲間の亡命が相次ぐ中，ハイゼンベルクも重大な選択を迫られる．祖国を捨てるか，ナチスに協力するか．どちらを選んでも罪悪感から逃れられない．そんな中，老プランク (Planck) との対話からハイゼンベルクは自分にしかできない使命を見い出すことになる．まるで映画のようなプロットである．学会や政治の描写に「本当はどうだったのかな？」と思いながら読むのも面白いかもしれない．シュペーア (Speer) の自伝と似た用心深さが感じられる部分もある．

ビブリオ・トーク 33　入江英嗣（東京大学）

　学者の自伝というとほとんどが家と研究室の往復，たまに学会，となるかと思えばさにあらず．本作のハイゼンベルクはアウトドア派だ．登場人物たちの対話の多くは，どこか幻想的・象徴的な風景の中で行われ，文学作品のように何かを暗示する．アルプスを望む湖畔やバルト海の島，あるいは空襲後の燃えさかるポツダム．スキーに来た雪山では雪崩に巻き込まれ，イエローストーンでは野宿して熊に起こされる．ヨット上の会話はデンマークの島々を抜けながら夜闇の中で行われる．連合軍反攻下の南ドイツを，機銃掃射をかわしながら家族の元へ自転車を走らせるシーンまである．

　やがて英雄たちの対話の時期は過ぎ，やや寂しい余韻を感じさせつつも，美しい筆致で物語は収束していく．プラトン (Platon) と音楽に始まり，師と冒険に出て，英雄たちと出会い，恐ろしい力を手にしていることを知り，戦争があって，友と別れ，またプラトンと音楽に戻ってきて終わる．読後まず頭に浮かんだ一言はトールキン (Tolkien) の指輪物語の「今，帰っただよ」だったかもしれない．

　さて，本書はエピソードを時系列で並べつつも，ハイゼンベルクやボーアの哲学を，さまざまな学派の論客との他流試合によって照らしていく対話篇となっている．個性豊かな登場人物たちはそれぞれ「ああ，この人は確かにこういうことを言いそうだ」という論陣を張る．対話の相手はアインシュタインやシュレディンガー (Schrödinger) のような同業者だけでなく，生物学者やカント哲学者や宗教家，はてはアデナウアー (Adenauer) のような政治家にまで及ぶ．彼らも決して引き立て役ではない．たとえばアメリカ的な実用主義の代表として登場するバートン (Burton) の漸進的な考え方は，ドイツ的な完全を求めるハイゼンベルクの考え方よりも，我々になじむかもしれない．今の情報技術の哲学はアメリカ色なのだ，と再認識させられるだろう．

　これらの対話を通し，本書は全編にわたって同じ主題が形を変えて繰り返される変奏曲の構成になっている．標題となっている「部分と全体」，相反する2つの概念こそがその主題だ．部分を一つ一つ解決するのか，全体を見て究極を目指すのか．ハイゼンベルクは後者を尊しとしているように見えつつ，師ボーアに「相補性」，平たく言えば，対立するように見えて両方を合わせることで初めて中心的秩序を

正確に表現することができる，と繰り返し言わせている．対立するようでそのメタに真実が存在する「部分と全体」は，粒子と波動，過去と未来，亡命と残留，科学と宗教，政治と学問，平時と戦時，さまざまな相克する概念に隠喩されて浮かび上がり，量子力学の奇妙な結論が極小の世界の真理のみならず，敷衍的な哲学として昇華しようとしていることがわかる．この哲学はどこか東洋的でもある．

　歴史をひもとくと，ウィーン会議とナポレオンの退場が1815年，作り上げた歯車が仕様通りに暴走した第一次世界大戦終結が1918年である．旧世紀の延長が行き詰まり新しい世紀の空気に入れ替わってくるまでは15〜20年くらいかかるようであり，まさにこれからが21世紀本番である．次の時代の雰囲気がどのような基調となるか，一端は情報学の考え方が握ることになる．こんな面白い時代に巡り合わせた我々にとって，「人間とコンピュータ」はどのような哲学だろうか．ちょうど本書の訳者あとがきには「魂のないコンピュータ的な装置によるデータの集積だけでは絶対に真の理解はあり得ない」との山崎先生の言葉がある．そこから40年の現在である．

辰己丈夫（放送大学）

現代倫理学入門

加藤尚武 著
㈱講談社, 1997, 講談社学術文庫, 256p., ISBN:978-4-06-159267-4

　最近，巷では（これで何度目のブームかは個人の見解しだいだが）人工知能ブームが再来している．また，数年前から，ロボットも話題になっている．人工知能は，知識を処理することで知的判断を代行し，人間の脳の動きを代替してくれる．ロボットは，人間の形を真似ることで人間の代わりに物理的な動作などを代行することで人間の筋肉の運動を代替してくれる．

　ここ（本稿）では，本体に内蔵された人工知能によって制御されるロボットのことを，「知的ロボット」と呼ぶことにする．さて，知的ロボットが普及するとして，その行為の責任を負うべきなのは誰か，という問題を考える．従来の考え方では，製造物に対する責任という議論であり，また，技術者倫理が関連する．さらに，知的ロボットを作るために，科学（基本的な理論）を研究してよいかどうかは，技術者倫理ではなく，科学者倫理である．だが，知的ロボットの場合，現在の深層学習を例にしても，説明可能でない（アカウンタビリティがない）推論の結果として，判断が行われることがある．AlphaGoが，なぜその手を打ったのかということを，簡単に説明できないのと同じであり，それでも勝てるなら，その手を選ぶ……ということが，知的ロボットの生活でも行われる可能性がある．

　また，知的ロボットの作業は法的に問題がないのかというコンプライアンスの問題や，知的ロボットの自主的な判断は善なのか悪なのかという，道徳や倫理の問題もあるだろう．たとえば，ブレーキが壊れた路面電車の進路を制御する人工知能があるとする．ポイントをこち

らに倒すと，あなたの知人を含む作業員が 5 人死ぬが，あちらに倒すと一般の乗客が全員死んでしまう．そして，目の前にいる人を突き飛ばせば，その人は確実に死ぬが路面電車はそこで止まり，乗客も作業員も助かる……というときに，あなたは，そしてあなたの知っている人工知能が判断を求められる．あるいは，人工知能が裁判をしたり，知的ロボットが戦地で戦争行為に関わることもある．知的ロボットにとって，善と悪は，いったい何なのか．

◆ 本書は，標準的な倫理学の入門書（教科書）である

　本書は，放送大学で以前（私が放送大学に関わるよりもずっと昔）開講されていた放送授業「倫理学の基礎」の教科書を，担当講師であった加藤尚武（当時は，千葉大学助教授，その後京都大学教授／同名誉教授／鳥取環境大学学長）が書き直した倫理学の入門的教科書である．加藤尚武が，あとがきで「私の主観的な判断を強く出した所を削除して」と述べているとおり，「標準的な倫理学の入門書」であり，加藤尚武の独自の考え方はなるべく含まないように書かれている．

　本書が発行された 1997 年，ロボットは少しずつ作られていたし，人工知能の考え方はあった．だが，SF 映画に出てくるような知的ロボットが現実化するという前提で（SF 映画業界以外の）人々が何かを考えたり，仕事をしたりする必要はなかった．ゆえに，本書には，人工知能やロボットについての直接的な考察はなされておらず，関連する内容としては，第 15 章「科学の発達に限界を定めることができるか」のみとなる．

　現在は，本稿冒頭で述べたように，人工知能とロボットの発達が目覚ましい．社会での利用も，急速に普及してきている．過去のブームとは違う状況となりつつある．そこで，本書で語られている「知的ロボット登場以前」の内容が，いま私たちが直面している（あるいはすることになる）知的なロボットとの関わり合いで生じる問題を，どのように説明できるか，少し考えてみたい．

　大きく分けると，発生する問題は，以下の 2 点であろう．

　(A) 生産された知的ロボットが，どのように倫理的に行動すべき

か，という倫理的な考察.

(B) 現在の我々が，知的ロボットの研究・開発・生産に関わること
に対する倫理的な考察.

以下，本書のいくつかの章に応じて考えてみたい.

〈第 1 章 人を助けるために嘘をつくことは許されるか〉

アンネ・フランク (Annelies Marie Frank) がかくまわれた家に
やって来た兵士に対し，住民が嘘をつくことが許されるか．住民では
なく，知的ロボットが判断することになったらどうなのか．嘘をつく
にしろ，つかないにしろ，どちらが適切かをどのように決めればいい
のだろうか．特に，知的ロボットが，「説明できない結論」として何
かを結論している場合，どのように考えればいいのか.

〈第 2 章 10 人の命を救うために 1 人の人を殺すことは許されるか〉
〈第 5 章 どうすれば幸福の計算ができるか〉

人の命や幸福を数えることができるのか．哲学の世界では「功利主
義」ともいう．これは，知的ロボットが人間の人数をもとに，命の問
題を判断していいのか，と考えることになる．命の価値を，何を用い
て測るのか，幸福の価値を，何を用いて測るのか．そのための適切・
妥当な測度（メジャー）はどういうものか，そもそも，そういう測度
は存在するのか？

〈第 6 章 判断能力の判断は誰がするか〉

胎児や未成年者，人種が違う人などを例にして，判断能力があるか
どうかを判断するのは誰か．知的ロボットは，人間を，そのように
扱ってくれるのだろうか．知的ロボットが，動物を人間とみなす（判
断する）のは，どのような基準なのか．その基準は，説明可能な推論
の結果なのか.

〈第 10 章 正直者が損をすることはどうしたら防げるか〉

囚人のジレンマは，思考ゲームとしては面白いが，現実に，そのよ
うな状況になることはあまりない．だが，知的ロボットがあちこちで
利用されるようになると，知的ロボット同士での囚人のジレンマ状態
が発生する可能性がある.

〈第 11 章 他人に迷惑をかけなければ何をしてもよいか〉

知的ロボットは，人間のためになる活動をする必要がない時間に

は，勝手に好きなことをしていてもよいのだろうか．人間に迷惑をかけなければ，何をしてもよいのか．このことは，知的ロボットに発電や停電の権限を任せてよいのか，ということを考えるうえで，重要なヒントとなるであろう．

〈第15章 科学の発達に限界を定めることができるか〉

　これらの知的ロボットのために，現在の我々が研究開発を行うことは，人として許されるのだろうか？　従来は，科学は人間文明の発達のため……という理想を掲げながらも，実際には，科学技術が戦争のためにも，犯罪のためにも使われてきた．理想を掲げること（たとえば，ニュース記事の自動選別など）自体に知的ロボットが介入すると，そのような知的判断に科学を利用する研究に限界を定めるべきではないか，という議論は成立する．アシモフ (Isaac Asimov) のロボット三原則などは，この点での参考になる．

　また，現在,「強い AI」と呼ばれている人工知能を作る，ということは，その AI 自体が，その先の発達の限度を決めるべきか考えるということであり，そのようにブートストラップしていく AI を，私たちが作ろうとしてよいのか，という問題につながることになる．

◆ 倫理は不変なれど……

　上に述べたことはいずれも，我々が今後の知的ロボットを開発することについて考えるべきことを述べている．倫理とは，人が作る社会のロジックである．だが，ロボットや人工知能は,「人」の範囲に影響を与えつつある．今後の倫理がどのようなものになるかを論じるにあたり，基本的な倫理のスタンダードに目を通しておくことは，重要であろう．本書は，そのようなときに，ぜひとも目を通したい本である．

35 ビブリオ・トーク

伊藤雅弘 (株)東芝

発想法の使い方

加藤昌治 著
(株)日本経済新聞出版社，2015，日経文庫，200p., ISBN:978-4-532-11332-2

◆ 「数，数，とにかく数！でいいんだ，ってこと」

　研究者であれ，ビジネスパーソンであれ，新しいアイディアを求められる場面は多いと思います．特に，新しい研究ネタ，新しいアプリケーション，面白いサービスなどを日々生み出している情報分野の研究者・技術者はなおさら．本書は，「アイディアとは」という定義から，その発想法を，いくつかの手法を元に実践的に，そして軽快な語り口で解説しています．「方法論だけで良いアイディアが出たら苦労しないよ」というご意見も聞こえてきそうですが，それはごもっともです．じつは，この書籍には良いアイディアを出す方法なんて書いてありません．ただ，たくさんのアイディアを出すための，基本的な心構えやあの手この手が簡潔に語られています．そして，そのたくさんの平凡な・突飛な・役に立たなそうなアイディアの中に，光り輝くアイディアが含まれている確率を高めるのです．なので，普段からどんどんアイディアが出て止まらないアイディアパーソンの皆様にはお役に立てないと思います．本書は，「ブレーンストーミングぐらいなら知ってるけど……」という多くの方に役に立つ実践的な入門書です．

◆ 「アイディア」とは

　第1章では，そもそも「アイディアってどんなもの？」ということから解説して，読者との意識合わせをしています．私もなんだか漠然と「アイディア」といっても，その定義なんてあまり意識したことが

ありませんでした．本書から，「アイディアってこうだよ」と教えられて，「あぁ，そうだよね．アイディアってこんなんでいいんだよね」と安心しました．たとえば，「アイディアとは，"組合せ"でしかない」ということ．それも，自分の経験・知識の範囲内．考えてみれば，確かにそうです．すごいアイディアを考えたい，と思っても所詮自分が知らないことは出てきません．だからこそ，自分の経験・知識を，さらには願望を（恥ずかしがらずに）洗いざらい絞り出して，その要素を（あり得なさそうな）組合せも含めて考えてみたりして，アイディアを量産するのです．あくまでこの段階では，「アイディアは，単なる選択肢でしかない」ということです．普段，あまり意識しないでいると，「アイディア」ではなく「企画」を考えてしまいがちです．すると途端に，制約条件が多くなって，出てきた企画も，じつは想像の範囲を超えない，面白みのないものになってしまいます．だから，アイディアを量産する段階では，いろんな制約条件を取っ払って「わがまま」放題でいいんです．以降の章でも，このような励ましは随所に書かれていますが，これが本書の大きな目的の1つではないでしょうか．

◆ アイディアを出す

第2章〜第5章は，実際にアイディアを量産するあの手この手を，「課題を細かく分割する」「課題をいったんズラす」「論理的に問いかける」「直観的に問いかける」という4つのアプローチに分けて書かれています．1つ面白いと思ったものを紹介すると，「パーソナル・アナロジー法」です．これは，課題（対象物）と自分を一体化して考える手法です．たとえば，ホワイトボードマーカーの新商品を考える場合，ホワイトボードマーカーに自分がなりきって，最大限の妄想力を働かせて，要望・願望・苦情などを考えます．そうすると，使う側・作る側とは違った，新しいアイディアが出るかも……．ちょっと面白そうじゃないですか？

最後の第6章，第7章では，特にグループでアイディア出しをする際のアイディアの描き方，グループの運営方法について書かれています．ここでやっと皆さんご存知の「ブレーンストーミング」が出てき

ます．第5章までの基本的な心構えやあの手この手を読んだ後だと，すんなり納得できると思います．

◆ 実践してみました

　私も実際に，本書を踏まえて職場のメンバでアイディア出しを実践してみました．一番印象に残ったのが本書の「（ちょっと）エロいアイディアが思いついちゃったりしますが，立派なアイディアなので捨てちゃダメ」というアドバイスの実践．私も（恥ずかしながら）思いついちゃったので，（一応ファシリテータに「いいですよね……？」と確認した上で）場に出しました．すると，心理的ハードルが下がったのか，それが呼び水のように，ほかのメンバからもアイディアがまた出始めました．一通りメンバのアイディアを出しきった感じがあったのですが，「なるほど，包み隠さずアイディアを出すってことは，こういう効果があるのか」と納得したのを覚えています．

　本書は，発想法についてあまり知らない人にはきっと今後の活動に役に立ちますし，ある程度知っている人にも，きっと新しい発見があったり再確認にもなると思います．ぜひ，お手にとってみてください．

36 たいていのことは 20時間で習得できる
―忙しい人のための超速スキル獲得術―

酒井洋平（㈱リクルートテクノロジーズ）

Josh Kaufman（ジョシュ・カウフマン）著，土方奈美（訳），
日経BP社，2014, 400p., ISBN:978-4-8222-5048-5

突然ですが，「一万時間の法則」をご存知ですか？ 米ベストセラー作家の Malcolm Gladwell 氏が著書『天才！成功する人々の法則』の中で紹介した，何か新しいことに習熟しプロフェッショナルレベルに到達するためには1万時間以上の訓練が必要，という法則です．

この法則，もともとはフロリダ州立大学の心理学者である K. Anders Ericsson 博士の Deliberate Practice 理論を根拠に，あくまでもプロとして成功できるレベルに到達するための方法論として紹介されたものなのですが，Gladwell 氏の書籍の大ヒットによって「1万時間」という数字とともに広く一般に知られるようになりました．

さて，それではこの法則に則って実際に新しいことを習得しようとする場合，1万時間をどのように捻出したらよいでしょう．なんとかやりくりして1日に3時間の練習をするとしても，9年以上かかる計算になります．想像するまでもなく，相当な覚悟と努力，忍耐が必要になりそうです．

それでは，プロを目指すのではなく，「そこそこ上手くできる」程度に目標を置きなおしたら，どのくらいの時間が必要になるのでしょうか．

本稿でご紹介する書籍の著者，Josh Kaufman 氏によると，20時間もあれば，たいていのことは「苦痛を感じるほどの下手くそ」レベルから「そこそこ上手くできる」レベルにまで到達できる，というのです．

Kaufman 氏は P&G でオンライン・マーケティングに関するグロー

ローバル戦略の立案やブランド・マネジメントを経験した後に独立し，国際的なベストセラーとなった『Personal MBA ―学び続けるプロフェッショナルの必携書』を出版，2013 年には自身の Web サイト「JoshKaufman.net」がフォーブスの「起業家のためのウェブサイトトップ 100」に選出されるなど，世界的に注目されているビジネス書作家です．

　書籍『たいていのことは 20 時間で習得できる』で Kaufman 氏は，自らの経験に基づく学習方法を「超速スキル獲得法」と名づけ，以下の 4 つのステップからなると紹介しています（書籍から引用します）．

・［分解］　スキルをできるだけ小さなサブスキルに分解する．
・［学習］　賢く練習できるように，また練習中に自己修正できるように，個々のサブスキルについて十分な知識を得る．
・［除去］　練習の邪魔になる，物理的，精神的，感情的障害を取り除く．
・［練習］　特に重要なサブスキルを少なくとも 20 時間練習する．

　何を身につけるかを決めたら，そのスキルがどのようなサブスキルに分解できるかを考え，学習によってさらに精緻にサブスキルについて理解を深め，練習時間の確保を行い，最低 20 時間練習する．このシンプルな 4 ステップを踏むことで，「そこそこ上手くできる」レベルに到達できることを，いくつかの実例によって実証していきます．

　書籍を読む上で，まず注目すべきは第 2 章，第 3 章です．この 2 つの章の中で，超速スキル獲得法をさらに詳細に解説し，先に述べたシンプルな 4 ステップを実践しやすくするために，2 つの「10 のルール」を設けています．

◆ 第 2 章：超速スキル獲得法 10 のルール

・魅力的なプロジェクトを選ぶ
・一時に 1 つのスキルにエネルギーを集中する
・目標とするパフォーマンスレベルを明確にする
・スキルをサブスキルに分解する
・重要なツールを手に入れる
・練習の障害を取り除く

・練習時間を確保する

・すぐにフィードバックが返ってくる仕組みをつくる

・時計のそばで一気に練習する

・量と速さを重視する

◆ 第3章：効果的学習のための 10 の基本ルール

・スキルとそれに関連したトピックについて調べる

・わからなくてもやってみる

・心的モデルと心的フックを知る

・望んでいることの「逆」を想像する

・実際にやっている人の話を聞いて予測を立てる

・環境から気が散る要素を取り除く

・覚えるために間隔をあけて反復と強化をする

・チェックリストとルーティーンを設ける

・予測を立て，検証する

・自分の生物学的欲求を大切にする

　第4章から第9章では，ヨガ，プログラミング，タッチタイピング，囲碁，ウクレレ，ウインドサーフィンを実例として，Kaufman 氏が個々のスキルを獲得するまでのエピソードが物語形式で展開されていき，超速スキル獲得法をどのように実践すればよいか，読者が読みながら追体験的に理解できるよう，記述上の工夫がなされています．特に，第5章：プログラミング，第6章：タッチタイピングは，皆さんにとっても身近なテーマではないでしょうか．

◆ 第5章：プログラミング

　Kaufman 氏が自身の Web サイトを負荷対策のために WordPress から Ruby で再構築するまでの学習と実装の過程がコード付きで紹介されています．プログラミング初学者である氏が，Stack Overflow や GitHub などの Web サービスを活用して効率的に情報収集しながら，プログラミングという行為をサブスキルに分解し，言語 (Ruby) とフレームワーク (Sinatra) を選定して要件を定義しながら実装して

いくプロセスが，まるで実況中継のような形で記述されており，楽しく読むことができます．

◆ 第6章：タッチタイピング

QWERTY型からColemak型キーボードへのスイッチによって毎分60ワード以上をタッチタイピングできるようになるまでの訓練過程が紹介されています．新しいキーボード配列であるColemak型がQWERTY型と比較してどれだけ打鍵効率が良いのかを知ることができます．また，練習したスキルを効果的に定着させるために心理学の運動技能獲得に関する理論を調査・活用し，夜45分の練習と，その直後の睡眠が非常に重要であること，夜の練習をせずに日常業務の中で習熟しようとしても学習効果が低く，仕組み化された「意識的学習」が必要であることなどを明らかにしていきます．

何か新しいことに挑戦しようとする際の最初の一歩に勢いをつけるために，ご一読してみてはいかがでしょうか．

末永俊一郎 ㈱レベルファイブ／国立情報学研究所

タックス・イーター
─消えていく税金

志賀 櫻 著
㈱岩波書店, 2014, 240p., ISBN:978-4-004-31517-9

◆ IT 従事者にも読んでほしい一冊

　IT は，無駄をなくして生産性を高める技術です．それゆえ，IT に従事する人は，これらの観点で世の中に役に立ちたいという意識が高い人が多いと思っています．こうした意識を持つがゆえに，IT 従事者は，役に立たないシステムや，使われないシステムを作りたくない，と思うものだと思っています．しかしながら，自分が担当するシステムに関連する制度や法律が変更になったとき，何か気持ち悪いなと思いながらも，目の前の作業に追われ，現実に向き合えていないのが大半ではないでしょうか（かくいう私もその一人ですが……）．

　たとえば，消費税が変更になった際の対応など，システムの改修を行う必要があるかと思います．このようなとき，「消費税を上げたら，国の財政は健全化するのだっけ？」とちょっと引っかかるものの，その疑問をわきに置き，システムの改修を進めているのが現実かと思います．

　本書では，このような気持ち悪さ（日本の税制および財政に関する素朴な疑問）を，元大蔵官僚がぶった切ります．本書の主張の妥当性は各自でご判断いただくとして，世の社会システムを支える IT 従事者のみなさまにも，現実を見据えるための1つの尺度としてご一読いただきたいと思い紹介します．なお，著者の志賀櫻さんは，大蔵官僚や弁護士など輝かしいご経歴を持つ方です．一層のご活躍が期待される中，残念ながら 2015 年 12 月に他界されています．

◆ 本書の内容紹介

　日本の財政課題を，タックス・イーターを切り口に浮き彫りにしています．なお，本書でタックス・イーターの定義は行われておりませんが，「税金等に群がり私腹を肥やす一方で，公共サービスを利用するもの」という意味で利用されています．

　本書では，まず（元大蔵官僚とは思えない発言ですが），「**日本の財政は破綻している**」と断言しています．

・政府がいかに「2020年までにプライマリー・バランスを均衡させる」と力説したところで，近時の財政当局の試算を見れば，それさえ達成できないことは明白．

・日本の財政はもはやほとんど破綻しているのであって，いかなる目標を掲げようが，いかに歳出を削ろうが，どれほど増税をしようが，再建は覚束ないというのが現実．

　このように財政が破綻し，「**タックス・イーターにむしばまれた背景として，4つの背景（源泉徴収，特別会計，高度成長の呪縛，円高恐怖症）がある**」と言及しています．

・旧大蔵省の中堅局員が源泉徴収制度と年末調整の組合せについて「愚民政策である」と言っているのを耳にした．

・特別会計が存在することで，財政の全体像がきわめて不透明なものになっている．

・高度成長の時代はとうに終わり，税の自然増収はもはや太古の昔の話になってしまっているにもかかわらず，ばらまきのメンタリティはしぶとく生き残っている．

・円高によって淘汰され退場すべきはずの産業や企業がゾンビとなって生き延び，ニュー・エコノミーの足を引っ張る．円高は経済構造を新しいものへ変化させていく好機であるにもかかわらず，財政金融政策によって急場をしのぐ対処療法をとった．

また，「**タックス・イーターが群がるものには，予算，財政投融資，税，国債がある**」としています．

・日本の社会保険制度は，すでに破綻している．本当のことを認めてしまえば，先延ばしできるはずだった社会保障制度の壊滅的な崩壊

が，たった今この時点で起きてしまう．

・財政金融政策の発動を求めた関係者たちは，現在世代の支払う税金
を食い荒らすだけではなく，赤字国債という将来世代の納付するべ
き税金をも先食いしている．

なお，「タックス・イーターは，政・官・業のトライアングルから構
成される構成員であり，その中心は族議員である」とし，Apple，ス
ターバックスなど多国籍企業の租税回避についても言及しています
（『タックス・ヘイブン』（志賀櫻）も参考になります）．本書では，
タックス・イーターへの対策については，「資金の一覧性の確保」を
挙げています．

◆ IT 従事者（我々）は何ができるのか？

本書を読み，まず私の頭をよぎったのは，「もしかしたら自分も
タックス・イーターに含まれるのではないか」という考えでした．過
去，私は官公庁のシステム開発や業務を多数経験する中で，これで本
当にいいのかという仕事も経験してきました．現実から目を背け，よ
り良くする努力をしなかったという考えがぬぐいきれないのが事実で
す．

次に，「IT 従事者として日々できることは何か」という考えでし
た．これについては，一般論ですが以下に帰結するのでしょうか．

・（本書で言っていることであるが，）事実を明らかにし，事実を直視
すること．

・さまざまな情報を立体的に組み立て，個人・組織として判断するこ
と．

・判断に基づき（IT 従事の枠組みの中で）改善提案すること．

IT 企業では，開発案件などの実施について，案件の金額，組織の
売上目標，人的リソースなどから意思決定しがちであると思います．
それらは重要ではありますが，今後は（より一層），「その案件を実施
することで世の中を良くできるのか，変えられるのか」という基準が
必要なのかもしれません．

坂東宏和（獨協医科大学）

コンピュータを使わない情報教育 アンプラグドコンピュータサイエンス

Tim Bell, Ian H. Witten, Mike Fellows 著, 兼宗 進（監訳），
イーテキスト研究所, 2007, 120p., ISBN:978-4-904-01300-7

◆コンピュータの基本原理の理解

　高度な情報活用能力を持った人材を育成することなどを目指し，2020年度から，小・中学校においてプログラミング教育を必修化することが検討されています．また，最近では，このような流れに先行して，子供たちがプログラミングを体験・学習する機会が増えています．「読み書きそろばん」ではなく「読み書きプログラミング」が当たり前になる日も，近いのかもしれません．

　ところで，プログラミング教育も重要ですが，より高度な情報活用能力を身につけるためには，コンピュータの基本原理をしっかりと理解することもまた重要です．しかし，プログラミングと異なり，どうしても座学中心になってしまうことから，なかなか興味を持ってもらえないことも多いように思います．私もさまざまな大学でコンピュータの基本原理を教えてきましたが，学生が睡魔に襲われ，散々な状況になることが多々ありました（私の授業力不足が一因でもあるのですが……）．そんなときに手に取ったのがこの本です．

　本書では，2進数，整列アルゴリズムなどのコンピュータの基本原理を，コンピュータを使わずに手を動かしながら楽しく学習するためのさまざまな実践例が紹介されています．著者である Tim Bell 博士が，小学生のお嬢さんに教えたときの方法をもとに執筆されており，とてもわかりやすいのが特徴です．各実践はおおむね小学生以上を対象としていますが，高校生や大学生にとっても有益な実践であると思

います．また，先生が，そのまま授業やワークショップで活用できるように書かれています．

◆ 本書の内容

　本書は，3部構成で，計12種類の学習が紹介されています．各学習は，概要（教科学習との関連，技能，対象年齢，必要な教材），説明および学習方法，発展学習，「実際のコンピュータでは」などで構成されています．必要なワークシートなども掲載されており，そのままコピーして使えるので便利です．また，「実際のコンピュータでは」の項があることにより，単に基本原理を学んで終わるのではなく，それらが現実のどのような場面で活かされているのかなども合わせて学べるようになっています．

　第1部「データ：情報を表す素材」では，2進数，画像表現，テキスト圧縮，エラー検出とエラー訂正，情報理論が取り上げられています．その中の1つ，2進数では，表面だけに16, 8, 4, 2, 1個の点が書かれた5枚のカードを並べ，それらのカードを裏返したり，表に戻したりしながら0〜31の値を作る（たとえば14は，8, 4, 2個の点が書かれたカードを表に，その他のカードを裏にする）実践が紹介されています．カードが裏返しの状態を0，表面が見えている状態を1とし，2進数の理解につなげます．さらに，簡単な文字コードを利用した秘密のメッセージの送信，31より大きい数を数えるためには何個の点が書かれたカードを加えればよいか，2進数の右側に0を加えるとどうなるかなどの応用的な実践，議論を行うことで，より深く学習できるように工夫されています．2進数はコンピュータの最も基本的な原理ですが，学生・生徒によっては，理解が難しい部分でもあります．本書で紹介されている実践のように，実際に手を動かしながら考えることで，座学より多くの授業時間が必要となる欠点はありますが，より深い理解につながる利点があるのではないかと思います．

　第2部「コンピュータを働かせる：アルゴリズム」では，探索アルゴリズム，整列アルゴリズム，並び替えネットワーク，最小全域木，ネットワークにおけるルーティングとデッドロックが取り上げられています．たとえば，整列アルゴリズムでは，重さが異なる8個の入れ

物（見た目では重さが判断できない）と天秤ばかりを用い，入れ物を軽い順に並び替えながら，選択ソート，クイックソート，挿入ソート，バブルソート，マージソートを学習する実践が紹介されています．

第3部「コンピュータに何をすべきか教える：手続きの表現」では，有限状態オートマトン，プログラミング言語が取り上げられています．プログラミング言語（プログラミング）と言うと，CやJavaなどの言語を用いて実践する方法が思い浮かぶと思います．しかし，本書では，1人の子供が簡単な絵（○△□を組み合わせたような図や簡単な顔の絵など）を描くための指示を口頭だけで行い，もう1人の子供がその指示に従って同じ絵を描くゲーム（絵の伝言ゲーム）を題材とした実践が紹介されています．もちろん，プログラミング技術そのものを学ぶことはできませんが，コンピュータは与えられた命令のとおりに動作すること，コンピュータに実行させたい内容を正確に伝えることが大切であることを理解することは，十分に可能です．

このように，おおむね小学生以上を対象としているにもかかわらず，大学の講義でも通用するような，高度な内容が取り扱われています．「コンピュータを使わない，わかりやすい情報教育では，たいした内容を扱えないのでは？」と疑う気持ちがありましたが，本書を読んでその考えが間違いであったことに気づかされました．

◆ 自ら考え，理解すること

オープンキャンパスや出張授業などで，高校生を対象に，本書で紹介されているいくつかの実践を試してみたことがあります．画像表現やエラー検出，エラー訂正など難しいテーマであったにもかかわらず，多くの生徒が熱心に取り組んでくれたことが記憶に残っています．実践後に生徒の理解度を測定したわけではありませんので断定はできませんが，単なる座学による学習を行った場合よりも，より多くの生徒が理解できたのではないかと思います．この実践を通じて，先生から一方的に知識を伝えられて終わりではなく，学生・生徒が自らの手を動かし，考え，理解することの重要性を，改めて再確認することができました．

本書には，コンピュータの基本原理を教えるときに役立つ，さまざまなアイディアや知見がつまっています．情報教育に関わる小学校・中学校・高等学校の先生方はもちろんのこと，大学で情報を教えている先生方にもお薦めしたい1冊です．

鈴木 貢（島根大学総合理工学研究科）

$\sqrt{1}$

斎藤 準 著
収録『立川文学Ⅵ』，けやき出版，2016, 287p., ISBN:978-4-877-51563-8

「確かにそのとおり．しかし，そうならないのが現場なんだよね」開発現場の経験のある『情報処理』の読者なら，読み終えてそう思うのではないかと想像する，そういう作品である．ビブリオ・トークで文学作品が書評に上ることは滅多にないが，あえて，いかにも登竜門にある作家然とした筆致の，しかしなんとなく共感できるこの作品を紹介したい．

この作品は，第6回立川文学賞の大賞1篇と佳作3篇を収録した，『立川文学Ⅵ』（第六回「立川文学賞」作品集）からの1篇である．作者の斎藤氏は，電気通信大学の広報[☆1]によれば，情報工学科の出身とあるので，私の先輩か後輩にあたる．

計算機業界の開発現場のルポルタージュとしては，『超マシン誕生』[1]，あるいは，『闘うプログラマー』[2]が有名である．私も，大学への進路決定の最中，あるいは，就職の進路決定の最中に手に取り，ポジティブにもネガティブにも参考にしたものであった．これらはいずれもプロのドキュメンタリー作家の綿密な取材による，1つの製品の誕生を描いた作品として，評価され広く知られている．もちろん，読み物としてのインパクトを追求するために，クリティカルな見せ場に焦点を絞り，業界以外の人々とスリルを共有するように書かれている．

一方でこの作品の場合は，計算機関連製品を開発する現場の人間が，業界の実情を語るという体裁であるが，決して単なる業界の暴露

☆1　https://www.uec.ac.jp/news/prize/2016/20160705-2.html

話に終始しているわけではない.

物語は主人公である水野の高校時代に始まり, 理不尽な査定を行った上司に辞表を「叩きつける」ことで自己を開放するところで終わる. その間, 大学の文学部を経て, 有能な開発者（物語中ではハッカー）として成長していく様子を, 高校時代の恋人の碧との出会いや, 先輩格の開発者である藤原との出会いを絡めながら描いていく. そして, この2人から主人公に供された「本」が, その後の主人公の人間として, あるいは, 開発者としての形成に重要な意味を持つ. 読者は, この2冊に, 自分の場合の体験を重ねて, 主人公と一体化できるかもしれない.

途中で「この国のソフトウェア産業は矛盾と疲弊に満ちている」とか, 「業務で手がけたプログラムに時限爆弾を仕掛ける誘惑に駆られたことがある」といった過激な表現がある一方で, 「国語が下手な奴はプログラムも下手」「私はキャラに命を吹き込む神様になった気分になるんです」といった頷ける表現もある.

審査委員長である志茂田景樹をして, 「その世界を描いた作品で, 専門用語もしきりに登場するのですが, 読んでいて, なるほどそうか, とてもよく理解できました」と言わしめる筆致で描かれている一方で, 「しかし, 読後はほとんど何も解っていないことに気づきました」とも. しかし, アルバイトの立場でほんの数年ではあるが, 過去にその業界に身を置いたことがある私には, とても生々しく感じられた. そして読後に志茂田氏と同様, この作者の今後の作品に期待を抱く, つまり, 水野のその後を読みたいと思った.

同作品集には斎藤氏のこの作品（佳作）のほかに, 松宮信男氏の「美し過ぎる人」（大賞）, 蓑修吉氏の「鰍突きの夏」（佳作／市長特別賞）, 大森康宏氏の「あるゴーストの独白」（佳作）が収録されており, それぞれ興味深く読むことができる. かくいうしだいで, 本作品を皆様にお勧めする.

参考文献
[1] トレイシー・キダー 著, 糸川 洋（訳）, 『超マシン誕生』[新装版], 日経BP社, 2010.
[2] G・パスカル・ザカリー 著, 山岡洋一（訳）, 『闘うプログラマー』[新装版], 日経BP社, 2009.

金子　格（東京工芸大学）

夜明けのロボット　（上）（下）

アイザック・アシモフ 著，小尾芙佐（訳），早川書房，1994，ハヤカワ文庫 SF *
　（上）358p., ISBN:978-4-150-11063-5
　（下）351p., ISBN:978-4-150-11064-2
　原題：*The Robots of Dawn*　*本稿執筆時点で品切れ

◆ ロボット時代の夜明けだ！

　そんな昨今，本書のタイトルに目がとまった人は多いだろう．今回はアシモフ (Isaac Asimov) 著『夜明けのロボット』を取り上げたい．

◆ ちょっと敷居が高い？

　SF は読むがアシモフは読んだことがないという人は多い．私自身がそうだった．最初に読んだのは 20 歳を過ぎてから．理由はみなさんと同じだ．べたな「ロボット工学の三原則」．ロボット SF の元祖として君臨する仰々しさ．20 世紀に書かれた多くのロボット SF 作品，『鉄腕アトム』，『機動戦士ガンダム』が根本的にかかえる時代遅れの科学技術的な設定．はたして，20 年以上も前に書かれたロボット SF を読む意味があるのか．そんな先入観は，代表作『われはロボット』を読めば霧消するはずだ．読まれた方はご存じのとおり，ある意味これらは SF 作品ではない．ロボットを実現する科学技術はほとんど語られないが，たとえ語られても「陽電子頭脳」が現実には存在しない技術であることは全然問題ではない．作品のフォーマットは推理小説である．人間同様の知能を持ち，「ロボット工学の三原則」という絶対的抑制を持つ架空の「ロボット心理」はその舞台装置．推理の前提条件として明確に提示されるからだ．ロボット心理というフィクションが明確に定義されてさえいれば，その機構は問題ではな

いし，アシモフが設定した推理トリックを現代でも，いや現代だからこそより自然に，楽しむことができる．

◆ 既視感のある世界

そして今回『夜明けのロボット』を取り上げる．実はこの作品は大変残念なことに在庫がなく古書でしか入手できない状態だ．だから，アシモフ作品を読んでいてもこれはまだ読んでいないという人が多いはずだ．本作品は『鋼鉄都市』『はだかの太陽』に続くロボット長編3部作の3作目，完結編だからだ．長編を読むのは骨が折れるし3部作の完結編から読む人はいない．

舞台は現在の地球とはまったく異なる遠い未来だ．人類はロボットを最大限活用し，宇宙に進出している．一方地球に取り残された多数の人々は，変化を恐れロボット技術を敬遠し，過密と貧困にあえいでいる．この2つの社会は人種，政治，文化，環境，技術，貧富において分断され，対立を深めている．およそ現実の現代社会とは似ても似つかない異世界であるが，読者は奇妙な既視感を覚えるだろう．アシモフ世界が現実の国際社会にヒントを得たのは明らかだ．成功と失敗，高所得社会と低所得社会，先進社会と未開発社会，そうしたさまざまな対立の様相．まったくの異世界にそうした現代社会の様相の相似形を構築することで，アシモフは現代社会のひずみをより純粋に再現している．

◆ 推理小説であり哲学書

さて，私はどんな話かを語りたい欲望と戦っているが，推理作品のあらすじを述べるのはさすがに無粋だ．「Book」データベースにあるあらすじのみ紹介すると，以下のように書かれている．「かつて銀河系へ進出した地球人の末裔が宇宙国家連合を形成し宇宙をわがものとしている現在，地球は孤立し，宇宙進出もままならない．その地球に，宇宙国家連合の指導者格である惑星オーロラが助けを求めてきた．人間そっくりのヒューマン・フォーム・ロボットの破壊事件が起こり，その捜査を刑事ベイリに依頼してきたのだ．ただ1人の容疑者はそのロボットの生みの親ファストルフ博士．ベイリはさっそくオー

ロラへ赴くが」[☆1] これだけでは状況がややわかりにくいように思うので，若干補足しよう．

主人公ベイリは地球の刑事だ．地球人はロボット技術を忌避し過密と資源枯渇にあえいでいる．そのベイリが宇宙国家の要請で事件の捜査のためオーロラに赴くが，そこでベイリに協力するのが1台のヒューマン・フォーム・ロボットだ．その設計製造は非常に困難で，宇宙国家にも天才ロボット科学者の手により作られた数台しか存在しない．その1台がベイリと助け合いながら事件を解決していく，というのが物語の大筋だ．

アシモフは推理小説の基本に忠実な作家であり，謎を解くための前提は結末を提示する前に明確に示すことを心がけている．読者による推理を排除するような推理はアシモフの最も嫌うところだ．設定がどれほど現代の科学的知見とくい違っていても，物語中の前提を受け入れれば，十分に推理と見事なトリックの種明かしを楽しめる．

2人（1人と1台）はそれぞれロボットと人間という特徴を活かして対話をしながら推理を進めるが，その緻密な議論は，プラトンの『プロタゴラス』を読んでいるようでもある．ロボットと人間の哲学対話も本書の大きな魅力だ．

◆ アシモフの宿題

無論，これは純粋にエンタテインメントである．「ロボット工学の三原則」は架空の設定であり，あまりに概念的だから近い将来にこのような形で人工知能上に実現できる可能性は1％もないだろう．にもかかわらずこの前提に基づいた無数のアシモフ作品は，貴重な思考実験だ．そう遠くない将来，我々は機械自らに人間の生殺与奪，より守るべき人間と犠牲にすべき人間の選別，そして組織や社会における裁定をゆだねざるを得ない．そのときに機械にどのような倫理的規範をいかにして与えるべきなのか．その結果機械の判断にどのようなジレンマが生じ得るのか．いかなる想定外の結果を生じ得るのか．そのあらゆる状況を考え抜いたという点で，アシモフ作品から得ることは多

☆1　https://www.amazon.co.jp/dp/4150110638

い．さらに，本書を読み終えた読者は重い問いかけをされたことに気づくだろう．アシモフが読者に残した宿題でありその答えはこれから探さなければならないのだ．

さて，本書は3部作の完結編である．発表順に読むのが普通だが，本書から読んでも問題ないと思う．アシモフは親切な作家であり，物語の設定は1冊ごとに説明しながら物語が進む．順序を気にせず本書から読んでも物語についていけないということはない．私自身本書を最初に読んでから3部作の1～2作を読んだ．後でほかの2作を読む際に先を知っている，特に主人公が絶対に死なないことを知ってしまっている，という当然の問題があるが，その点は3部作であることを知った時点で手遅れだ．

最近は日常の問題に忙殺され未来小説など読む気にならないかもしれない．しかし，日常的な現実的な問題に悩んでいるときこそ，遠い未来を展望する価値がある．アシモフ自身ロシア革命の亡命一家に生まれ，作品の随所にはそうした困難に直面した人々への愛情が感じられる．今絶好調という人も，日常的な問題で悩んでいる人も，本書を読めばきっと新たな活力が沸くことだろう．

執 筆 者 一 覧

01 中 島 秀 之 ………… 東京大学
02 久 野　　靖 ………… 電気通信大学
03 佐 藤 文 明 ………… 東邦大学
04 森 信 一 郎 ………… 千葉工業大学
05 高 岡 詠 子 ………… 上智大学
06 松 崎 公 紀 ………… 高知工科大学
07 小野寺民也 ………… 日本アイ・ビー・エム
08 山 口 実 靖 ………… 工学院大学
09 横 山 昌 平 ………… 静岡大学
10 伊 藤 毅 志 ………… 電気通信大学
11 金 岡　　晃 ………… 東邦大学
12 吉 岡 信 和 ………… 国立情報学研究所
13 角　　康 之 ………… 公立はこだて未来大学
14 加 藤 由 花 ………… 東京女子大学
15 塚 本 昌 彦 ………… 神戸大学
16 松 田 一 孝 ………… 東北大学
17 谷　　幹 也 ………… 日本電気株式会社
18 峰 野 博 史 ………… 静岡大学
19 三 輪　　忍 ………… 電気通信大学
20 西 澤　　格 ………… 株式会社日立製作所
21 濱 崎 雅 弘 ………… 産業技術総合研究所
22 河 口 信 夫 ………… 名古屋大学
23 田 村　　大 ………… 株式会社リ・パブリック
24 村 上 知 子 ………… ヤフー株式会社
25 辻 田　　眸 ………… 株式会社シンクフェーズ
26 鶴 岡 慶 雅 ………… 東京大学
27 土 井 千 章 ………… 株式会社 NTT ドコモ
28 永 野 秀 尚 ………… 日本電信電話株式会社
29 西 山 博 泰 ………… 株式会社日立製作所
30 坊 農 真 弓 ………… 国立情報学研究所
31 木 村 功 作 ………… 株式会社富士通研究所
32 五十嵐悠紀 ………… 明治大学
33 入 江 英 嗣 ………… 東京大学
34 辰 己 丈 夫 ………… 放送大学
35 伊 藤 雅 弘 ………… 株式会社東芝
36 酒 井 洋 平 ………… 株式会社リクルートテクノロジーズ
37 末永俊一郎 ………… 国立情報学研究所
38 坂 東 宏 和 ………… 獨協医科大学
39 鈴 木　　貢 ………… 島根大学
40 金 子　　格 ………… 東京工芸大学

IT 研究者のひらめき本棚
　　ビブリオ・トーク：私のオススメ

ⓒ2017　情報処理学会

Printed in Japan

2017 年 9 月 30 日　初版第 1 刷発行

編　者　情報処理学会 会誌編集委員会
発行者　小山 透
発行所　株式会社 近代科学社
　　　　〒 162-0843　東京都新宿区市谷田町 2-7-15
　　　　電話 03-3260-6161　振替 00160-5-7625
　　　　http://www.kindaikagaku.co.jp

藤原印刷　　ISBN978-4-7649-0548-1
定価はカバーに表示してあります.